Curso de español lengua extranjera

Experiencias

INTERNACIONAL **3**
B1

Patricia Sáez Garcerán

Libro de ejercicios

edelsa

1.ª edición: 2020
4.ª impresión: 2025

© Edelsa, S. A. Madrid, 2020
© Autora: Patricia Sáez Garcerán

Equipo editorial
Coordinación: Mila Bodas
Edición: Pilar Justo
Diseño de cubierta: Carolina García
Maquetación: Carolina García
Corrección: Ángela Rosillo

Fotografías: p. 7 Castillo medieval de Bran [sorincolac] © 123RF.COM; Apple [Aleksey Boldin] © 123RF.COM; p. 13 Cartel promocional *Ocho apellidos vascos* © Universal/Everett Collection/cordon Press; p. 15 Pedro Almodóvar, Penélope Cruz y Scarlett Johansson [buzzfuss] © 123RF.COM; Logo Netflix [scyther5] © 123RF.COM; Estatuilla Óscar [andreadonetti] © 123RF.COM; Estatuilla de Goya. Documentación: ESPAÑA-GOYAS-PREPARATIVOS: MD70. MADRID, 12/02/2011. Estatua de Goya de 7 de metros de alto situada en la plaza de Oriente de Madrid para recibir a los asistentes a la ceremonia de entrega de la XXV edición de los Premios Goya en el Teatro Real de Madrid; p. 37 Ticket pass [Pablo Hidalgo] © 123RF.COM; Cartagena de Indias [Matyas Rehak] © 123RF.COM; p. 52 autobús en Madrid. EMT [tupungato] © 123RF.COM

Audio
Locuciones y montaje sonoro: Bendito Sonido
Voces: Olga Hernangómez, Ángel Morón

ISBN: 978-84-9081-392-8
Depósito legal: M-15442-2020

Impreso en España/*Printed in Spain*
- Las normas ortográficas seguidas en este libro son las establecidas por la Real Academia Española en su última edición de la *Ortografía*.
- La editorial Edelsa ha solicitado los permisos de reproducción correspondientes y da las gracias a todas aquellas personas e instituciones que han prestado su colaboración.
- Las imágenes y documentos no consignados más arriba pertenecen al Departamento de Imagen de Edelsa.
- Cualquier forma de reproducción de esta obra solo puede ser realizada con la autorización de la editorial, salvo excepción prevista por la ley. Diríjase a CEDRO (Centro Español de Derechos Reprográficos, www.cedro.org) si necesita fotocopiar o escanear algún fragmento de esta obra.

ÍNDICE

Unidad 1 ¿Y qué pasó entonces?
Hablar de primeras experiencias .... p. 4 - 11

Unidad 2 ¿Ves series o películas?
Hablar de cine y series de televisión .... p. 12 - 19

Unidad 3 ¿Cómo será la alimentación?
Hablar del futuro y de la alimentación .... p. 20 - 27

Unidad 4 ¿Cuál es tu deporte?
Encontrar tu actividad deportiva .... p. 28 - 35

Unidad 5 ¿Cómo te informas?
Hablar de medios de comunicación .... p. 36 - 43

Unidad 6 ¿Con qué sueñas?
Hablar de los sueños .... p. 44 - 51

Unidad 7 ¿Estudias y trabajas?
Hablar de educación y competencia digital .... p. 52 - 59

Unidad 8 ¿Cuidas el medioambiente?
Hablar sobre el cambio climático .... p. 60 - 67

Unidad 9 ¿Qué es importante para ti?
Descubrir las cosas importantes en tu vida .... p. 68 - 75

Unidad 10 ¿Viajar es un placer?
Hablar de viajes .... p. 76 - 83

Unidad 11 ¿Cuidas tu estilo de vida?
Hablar de hábitos sostenibles .... p. 84 - 91

Unidad 12 ¿Qué sentido tiene esto?
Hablar de los cinco sentidos .... p. 92 - 99

Unidad 13 ¿Cómo será nuestro futuro?
Hablar de futuro y tecnología .... p. 100 - 107

Unidad 14 ¿Qué sabes de España?
Descubrir España .... p. 108 - 115

Transcripciones .... p. 116 - 120

UNIDAD 1 ¿Y QUÉ PASÓ ENTONCES? | SECUENCIA 1

1 UN NUEVO INICIO PARA CELIA

A. La revista *Nuevas experiencias* ha publicado la historia de Celia.

a. Léela y después completa la información.

NUEVAS EXPERIENCIAS

Mi nueva vida en la *ciudad de la luz*

Nací en Sevilla y allí pasé mi infancia, mi adolescencia y parte de mi vida adulta. En 2014 me trasladé a Málaga y empecé un grado en Fisioterapia. Casi todos los fines de semana volvía a Sevilla porque quería estar con mi novio y mis amigos. Me quedaba en casa de mis padres y así estaba también con ellos.

Esos años en la universidad fueron muy estresantes. De lunes a viernes tenía clases todas las mañanas y por las tardes iba a estudiar a la biblioteca con dos compañeros de clase. Siempre tenía mucho que estudiar y poco tiempo, pero en aquella época para mí era muy importante acabar mis estudios universitarios con buenas calificaciones.

Hace dos años terminé la carrera y empecé a buscar trabajo en clínicas y hospitales de Sevilla porque tenía ganas vivir en mi ciudad, pero no encontré nada interesante y, por ese motivo, decidí buscar empleo en otros países de Europa.

La primavera pasada encontré trabajo en una clínica a las afueras de París, quería tener una primera experiencia profesional y, por esa razón, acepté el trabajo.

Estoy muy contenta de poder vivir esta nueva experiencia fuera de casa y, por el momento, no pienso en volver a España.

Pretérito perfecto simple	Expresiones de tiempo		Pretérito imperfecto	Expresiones de tiempo

b. Vuelve a leer la historia de Celia y marca si son verdaderas o falsas estas afirmaciones.

	V	F
a. Regresaba de Málaga a Sevilla todos los fines de semana.	☐	☐
b. De lunes a viernes iba a clase y estudiaba en la biblioteca.	☐	☐
c. Sus años de estudio no fueron muy tranquilos.	☐	☐
d. Se fue a París porque no quería vivir en su ciudad.	☐	☐
e. De momento, prefiere seguir en París.	☐	☐

B. Otros lectores de la revista han escrito sus experiencias.

a. Léelas y complétalas con estos verbos en la forma de pasado adecuada.

pasar | hacer | encontrar | irse | terminar

a. Águeda

Yo .... el grado de Enfermería hace dos años y después .... prácticas en un centro de salud. Todas las semanas .... muchas horas mirando las ofertas de trabajo y como no .... nada en Alicante, ... a vivir a Alemania, porque quería ser independiente económicamente y vivir una nueva experiencia. Ahora vivo en Hamburgo y me encanta, pero espero volver algún día a mi ciudad.

decidir | enamorarse | presentar | ir | conocer | estudiar | salir

b. Antón

.... a mi pareja durante mi año de Erasmus en Irlanda. En aquella época .... poco y .... mucho. Todas las tardes .... al mismo *pub*. Allí unos amigos polacos de la universidad me .... a Patricia. .... a primera vista de ella y, por ese motivo, ... quedarme aquí. ¡Me encanta Dublín! Al contrario de lo que piensan muchas personas, no llueve todos los días ☺.

cerrar | vivir | tener | ser | trasladarse

c. Ágata

En 2020 mi familia y yo .... a vivir a Pamplona. Antes .... en Soria, pero mi empresa .... y, por esa razón, ... que buscar trabajo en otra ciudad. Mis hijos son muy pequeños y quieren ver a sus abuelos, por eso vamos a menudo a Soria para pasar momentos con la familia. El cambio .... muy difícil al principio, pero ahora estamos adaptados y además nos encantan los sanfermines ☺.

b. Ahora, localiza en los textos anteriores las expresiones que indican causa y consecuencia y completa la información.

Expresiones de causa	Expresiones de consecuencia

2 CAMBIO DE VIDA

A. La vida de Ana ha cambiado mucho. Observa las fotos y continúa su historia. Explica los motivos de esos cambios.

a  **b**

c  **d**

Hace quince años empezó a estudiar en la universidad ....

....

B. Piensa en una experiencia que ha cambiado tu vida y descríbela.

UNIDAD **1** ¿Y QUÉ PASÓ ENTONCES? | SECUENCIA **2**

1 LAS EXPERIENCIAS DE ALICIA

A. Aquí tienes imágenes de difentes experiencias de Alicia.

a. Relaciona cada una con el tema al que se refiere.

boda ☐   mascota ☐   dentista ☐   viaje ☐   parque temático ☐

b. Ahora, lee las experiencias de Alicia y complétalas con *recordar* o *acordarse*. ¿Son experiencias positivas o negativas? ¿Puedes asociarlas con las imágenes anteriores?

○ 1. Todavía .... del día que vi a Poopsie por primera vez. Estaba sola y perdida en el jardín de mi casa, era muy pequeña y no parecía tener familia. .... que lloraba mucho y yo no sabía qué hacer. ¡Nunca había tenido un animal en casa!, pero decidí adoptarla y darle una nueva vida. ¡Es una de las mejores decisiones que he tomado!

○ 2. Ese momento lo .... cada vez que viajo en avión. Tenía 13 años y .... de todo perfectamente. Viajaba con mis padres a Malta. Llegamos con más de cuatro horas de retraso, nos perdieron las maletas y cancelaron nuestro vuelo de vuelta. ¡Una verdadera pesadilla! Nunca había vivido nada igual.

○ 3. No voy mucho al dentista porque tengo pánico al dolor, pero todavía .... de mi primera visita. Tenía un problema en un diente y tenía mucho miedo, pero el dentista fue muy agradable y comprensivo conmigo. .... que salí muy contenta.

○ 4. ¡Me encanta ir de boda! Mi mejor amiga se casó el verano pasado. .... que fue un momento muy intenso y que lloré mucho, pero de emoción. ¡Nunca había llorado tanto! Cuando mi pareja y yo hablamos de nuestros planes, ... de esa boda. Nosotros queremos casarnos muy pronto también.

○ 5. A mi familia le encantan los parques temáticos y fuimos a uno la semana pasada. Ya habíamos ido a otros parques de este tipo antes, pero todos .... esta visita como un momento muy triste. Mis hijos .... de cómo llovía cuando llegamos. Cerraron el parque una hora después.

2. ¿ME CUENTAS TU EXPERIENCIA?

A. Relaciona las columnas y conjuga los verbos en el tiempo adecuado para conocer las experiencias de estas personas.

a. Blas *había recibido* (recibir) el visado a tiempo
b. Cuando Ruth e Ismael .... (entrar) al cine
c. Ricardo .... (conocer) a su novia
d. Mis amigos y yo .... (ir) a ver el Circo del Sol
e. Jaime .... (hacer) alpinismo
f. .... (yo, prepararse) mucho para correr mi primera maratón
g. Mi madre .... (aprender) a tocar el saxofón
h. Beatriz no .... (obtener) el trabajo
i. Yo .... (vivir) siempre en España
j. Luis y Vera no .... (ir) a Berlín

1. pero al final no *viajó* (viajar) a la India.
2. porque ya .... (comprar) las entradas.
3. porque siempre .... (ser) su sueño.
4. pero en 2020 .... (irse) a vivir a Dinamarca.
5. porque no .... (preparar) bien la entrevista.
6. porque no .... (hacer) antes la inscripción al viaje.
7. la película ya .... (empezar).
8. pero la .... (cancelar) a causa de la lluvia.
9. y .... (querer) escalar el Aneto.
10. en una red social que .... (encontrar) en Internet.

B. Estas son otras experiencias de Alicia. Observa las imágenes y utiliza la información para escribirlas, como en el ejemplo.

a. visitar / leer

Tres meses antes — **2020**

En 2020, visitó el castillo de Bran, pero tres meses antes ya había leído muchas cosas sobre su historia.

enero — **agosto**

b. comprar / buscar

....
....

verano — **Navidad**

b. viajar / probar

b. montar en bicicleta / hacer *spinning*

Un año antes — **2019**

....
....

....
....

C. Ahora, piensa en tus propias experiencias, elige una y escríbela.

UNIDAD 1 — ¿Y QUÉ PASÓ ENTONCES? | SECUENCIA 3

1 ¡QUÉ EMOCIONANTE!

A. Daniel ha subido a Instagram fotos de sus experiencias más importantes.

a. Relaciona cada imagen con la acción adecuada.

b. Después, valora cada imagen con un adjetivo de la página 10 del libro del alumno.

ir al circo | hacer un *casting* | ir a un *spa* | hacerse un tatuaje | montar en globo | ir al cementerio

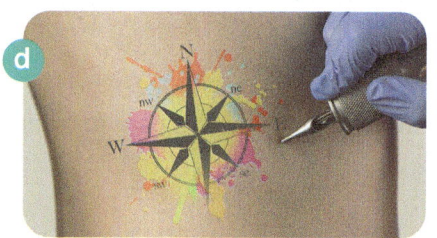  

c. Daniel ha añadido comentarios a algunas de sus imágenes. Léelos y complétalos con el superlativo correspondiente.

a
triste - chulo - temprano - mucho

¿Sabéis lo que me pasó la primera vez que me hice un tatuaje? Era verano y hacía .... calor, por eso tenía cita .... con Ricky, un tatuador amigo de mi novia. Quería hacerme un dragón .... verde y rojo que había visto en un libro sobre templos chinos que me había comprado el año pasado. Total, que cuando llegué, me di cuenta de que me había olvidado el libro en casa . ¡Qué mal! Estaba ...., pero al final elegí una rosa de los vientos que me encanta. Estoy pensando en hacerme otro tatuaje: una estrella o un gato. ¿Algún consejo?, ¿qué preferís vosotros?

b
cansado - extrañado - grande

No os lo vais a creer, pero hace un par de semanas fui con mi pareja a Andorra. Sí, ¡qué bien! Teníamos muchas ganas de ir ☺. Nos habían dicho que hay un centro termal .... y ya había comprado las entradas en Internet unas semanas antes. Ya estábamos en la entrada y, de repente, me acordé de que me había dejado el móvil en el hotel.

Mi novia me miraba .... porque nunca olvido el móvil. En fin, que fui corriendo al hotel a buscarlo. ¡Al volver estaba ....!, pero pudimos entrar sin problema.

¿Habéis visitado estas termas vosotros?, ¡son maravillosas!

c
divertido - fácil - difícil

No sé si os he contado la primera vez que me presenté a un *casting* de música. ¡Sí, fue una experiencia realmente genial! Sabéis que cantar es mi pasión. Recuerdo que preparé una canción de Alejandro Sanz. Total, que cuando llegó el día me dijeron que tenía que cantar en inglés. Yo les dije: ¿en serio? No había preparado nada más y no sabía qué cantar. ¡Es .... improvisar!, pero recordé una canción de Queen que es .... y empecé a cantar... ¡Fue ....!

En fin, que no me seleccionaron, pero siempre voy a recordar aquel intenso momento. ¿Os gusta cantar?

2 ¡NO ME DIGAS!

A. Localiza en los comentarios anteriores las expresiones que se usan para contar experiencias y completa la tabla. Añade también las siguientes.

¡no me digas…! | en fin, que… | ¡qué bien! | no te lo vas… | ¿sabes qué…? | ¡qué vergüenza!
¡qué amable! | ¿qué me dices? | no sé si…

comenzar	terminar	reaccionar

B. Lee los diálogos a y b y ordénalos. Después, elige la opción correcta en el diálogo a. y completa el diálogo b. con la expresión del ejercicio anterior. Hay varias opciones.

- ☐ Pero hay un problema… tengo que trasladarme a vivir a Praga el mes próximo.

- ☐ Sí, es verdad, pero hay vuelos directos todos los días ☺.

- ☐ *¡Qué bien!/¡Qué amables!* Es verdad que tu currículum es buenísimo.

- ☐ *¡Qué mal!/¿En serio?*, pero si me dijiste que estabas nerviosísimo y no habías respondido bien a las preguntas.

- ☐ *¡Qué me dices!/No te lo vas a creer*. Ayer me llamaron para decirme que pasé la prueba de selección y me quieren contratar.

- ☐ Ya, pero les interesa mi currículum y el puesto es perfecto para mí…

- ☐ *¡Qué mal!/¡Qué suerte!* Praga está lejísimos de Barcelona.

- ☐ No, cuenta, cuenta.

- ☐ Y ....

- ☐ ...., pero si no querías saber nada de él.

- ☐ ¿........................ pasó hace quince días?

- ☐ .... de momento somos amigos otra vez…

- ☐ Pues nada, que me esperó a la salida del cine y me invitó a cenar. Estuvimos hablando toda la noche.

- ☐ Ya sabes que me encanta ver ciclos de películas clásicas, así que fui a ver una de las antiguas de Luis Buñuel en una pequeñísima sala en el centro de Madrid y allí me encontré con mi ex novio.

C. Completa las frases con *muy* o *mucho* según corresponda.

a. Tengo .... trabajo este fin de semana y no voy a salir.

b. Mi última experiencia profesional fue .... interesante.

c. Recuerdo .... bien mi primer día de clase.

d. Elsa dedica .... tiempo a mirar las ofertas de empleo.

e. La relación de Pablo y Pía ha terminado .... mal.

f. No gano .... dinero en mi actual trabajo.

nueve | 9

UNIDAD 1 | EXAMEN DELE

COMPRENSIÓN DE LECTURA

A continuación, vas a leer tres textos en los que unas personas nos hablan de una experiencia curiosa vivida en el extranjero. Después, relaciona las preguntas, 1 a 6, con los textos, *a, b* o *c*.

	a. Diego	b. Blanca	c. Pablo
1. ¿Qué persona dice que la invitaron a comer?			
2. ¿A qué persona invitaban frecuentemente?			
3. ¿Qué persona no habló mucho cuando la invitaron?			
4. ¿Quién dice que en su ciudad hay una costumbre típica?			
5. ¿Qué persona dice que no bebió nada?			
6. ¿Quién dice que tenemos que conocer la forma de ser de los demás?			

a

Recuerdo que en Inglaterra, la primera vez que fui allí a estudiar, viví una experiencia muy curiosa. En mi ciudad, Granada, salía por las noches de fiesta con mis amigos y cada vez uno de nosotros invitaba a todos a una bebida, ¡es muy típico aquí!

En Londres conocí a un grupo de ingleses y salimos esa noche de fiesta a un *pub* del centro. La primera vez, les invité yo a todos; después, esperaba una invitación por su parte, pero me dijeron que en Inglaterra no tienen esa costumbre. Allí, como en muchos otros países, cada uno paga su bebida. Esta situación me enseñó que es muy importante conocer las formas de comportarse de los demás antes de actuar.

b

Cuando llegué a Francia conocí a un montón de franceses que me invitaban a su casa. Yo quería saber más sobre sus costumbres y practicar francés con ellos, por esa razón aceptaba supercontenta todas las invitaciones.

La primera vez llegué a una casa y me preguntaron si quería tomar algo, yo respondí que no, que no quería nada, y esperé una segunda invitación. Ya sabéis que en España, la primera vez que nos invitan o proponen algo, no aceptamos, sino que esperamos una segunda propuesta. En fin, que pasaba el tiempo y no me volvieron a preguntar. Tenía mucha vergüenza y pasé toda la noche hablando, pero sin beber nada. Aprendí que tenía que aceptar las invitaciones que te hacen a la primera.

c

Conocí a mi amigo Huang en un viaje de negocios que hice hace muchos años a Shanghái. Trabajamos en la misma empresa, pero él en China y yo, en Madrid. Cuando me invitó a su casa por primera vez para probar la cocina tradicional, acepté encantado porque quería saber más de las tradiciones chinas.

Compré regalos para todos. Estaba nerviosísimo y cuando llegué le di los regalos, Huang los aceptó, me dio las gracias y los guardó sin abrirlos. Fue una situación rarísima. No sabía cómo reaccionar. ¡Qué mal! La comida me encantó, pero no hablé mucho y pasé toda la tarde pensando en ello. Los chinos no abren los regalos en público, pero yo aprendí eso mucho después.

COMPRENSIÓN AUDITIVA

1 A continuación, vas a escuchar a seis personas hablando sobre un cambio increíble en su vida. Escucharás dos veces a cada persona. Selecciona el enunciado, *a - j*, que corresponde al tema del que habla cada persona, 1 a 6. Hay diez enunciados. Selecciona seis.

Ejemplo: 0. La opción correcta es la e.

	ENUNCIADOS
a.	Va a ir a trabajar a otro país.
b.	Ha cambiado de profesión.
c.	Fue padre en verano.
d.	Perdió su empleo.
e.	Se casó con una extranjera.
f.	Sus condiciones laborales han mejorado.
g.	Encontró trabajo gracias a las redes sociales.
h.	Cambió la ciudad por el campo.
i.	Compró un restaurante.
j.	Obtuvo una beca de estudios.

PERSONA	ENUNCIADO
Persona 0	*e.*
Persona 1	
Persona 2	
Persona 3	
Persona 4	
Persona 5	
Persona 6	

2 A continuación, vas a escuchar una conversación entre dos amigos, Jimena y Felipe. Escucharás la conversación dos veces. Decide si los enunciados, 1 a 6, se refieren a Jimena, *a*, Felipe, *b*, o a ninguno de los dos *c*.

	a. Jimena	b. Felipe	c. Ninguno de los dos
0. *Ha hecho una llamada sorpresa.*	✓		
1. Practica *spinning*.			
2. Vio a un amigo de la universidad.			
3. Se enamoró a primera vista.			
4. Se casa en verano.			
5. Ha estado en Estocolmo.			
6. Se ocupa de comprar los billetes de avión.			

UNIDAD 2 ¿VES SERIES O PELÍCULAS? | SECUENCIA 1

1 HABLAMOS DE CINE

A. Relaciona los géneros de las películas con la imagen que les corresponde.

romántica ☐   musical ☐   del oeste ☐   aventuras ☐   comedia ☐
acción ☐   animación ☐   terror ☐   ciencia ficción ☐   bélica ☐   histórica ☐

a.   b.   c.   d.   e.   f.

g.   h.   i.   j.   k.

B. El blog *Flixcine* recoge las opiniones de algunos de sus lectores sobre la película *Campeones*.

a. Léelas y escribe los verbos en la forma correcta del pasado.

b. Después, relaciónalas con el motivo para elegir ver una película.

recomendación ☐   lectura de la crítica ☐   visualización del tráiler ☐
preferencia por el director o los actores ☐   otro motivo ☐

FLIXCINE | #NOTICIAS DESTACADAS | #CRÍTICA AL INSTANTE | #CARTELERA | #RESEÑAS

a El otro día .... (ir) con unos amigos al cine. .... (quedar) en la entrada y no .... (saber) qué película ver. .... (haber) varias interesantes. Al final, ... (decidir) ver el filme de Javier Fesser porque .... (ser) la única que no .... (empezar). .... (reírse) mucho con esta mezcla de drama y comedia.

b El domingo pasado .... (estar) en casa y .... (ver) un tráiler de *Campeones*. .... (gustar, a mí) mucho. La banda sonora .... (ser) buenísima y .... (tener) mucho ritmo. Ahora sé que los actores y actrices no son profesionales, muchos de ellos son personas con discapacidad intelectual.

c Ayer .... (pasar) por delante del cine y .... (ver) el título de una nueva película… *Campeones*… y .... (pensar): Tengo que verla. No .... (saber) que mi director preferido .... (hacer) otra película. Me encantan las películas de Javier Fesser, las .... (ver) todas. Son buenísimas y muy originales.

d Antes de ir al cine me gusta leer las sinopsis y las opiniones de los críticos de cine. La semana pasada .... (leer) varias críticas de *Campeones*. Todas .... (ser) muy positivas y .... (decir) que esta última película de Fesser .... (ser) la mejor de su filmografía, que .... (ser) una comedia muy humana.

e Una amiga me .... (llamar) ayer para recomendarme *Campeones*. Me .... (decir) que los espectadores comentan que es muy divertida y que me iba a gustar mucho porque .... (ser) una película con un guion originalísimo. Así que .... (ir) a verla. Es excelente y me .... (encantar).

2 MÁS PELÍCULAS

A. En *Flixcine* tienes la ficha de una famosa película española.

a. Lee la sinopsis y completa la información.

FLIXCINE | #NOTICIAS DESTACADAS | #CRÍTICA AL INSTANTE | #CARTELERA | #RESEÑAS

Ocho apellidos vascos

Sinopsis: Rafa (Dani Rovira), un chico sevillano que no había salido nunca de Andalucía, decide dejarlo todo para trasladarse a vivir al País Vasco con Amaia (Clara Lago), una chica vasca de la que se ha enamorado. Allí tiene que adaptarse y hacer creer a Koldo (Karra Elejalde), padre de Amaia, que él es vasco y no andaluz y así poder casarse con ella. Una divertida película de 98 minutos que recoge todos los tópicos típicos de los andaluces y los vascos.
Emilio Martínez-Lázaro la dirigió y se estrenó en 2014. Ha ganado tres premios Goya.

Ficha técnica

País: *España*
Duración: ....
Género: ....
Año de estreno: ....

Director: ....
Actor/actriz: *Carmen Machi,* ....
Guion: *Borja Cobeaga, Diego San José*
Premios: ....

b. ¿Conoces la película *Roma*? Relaciona estos datos con la información que aparece en una ficha técnica. Busca más información en Internet y escribe la sinopsis.

- Alfonso Cuarón: *director*
- 2018: ....
- México: ....
- 135 minutos: ....
- Yalitza Aparicio y Marina de Tavira: ....
- 3 premios Óscar: ....
- drama: ....

B. Relaciona las columnas y forma frases utilizando el verbo en el tiempo adecuado del pasado. Después, clasifícalas en la tabla.

a. Martina .... (ir) a todos los estrenos
b. Hace unos años el cine
c. La película española *Volver a empezar*
d. .... (gustar, a nosotros) la cartelera y
e. .... (ver, nosotros) la película *Campeones*

1. porque .... (tener) muy buena crítica.
2. .... (entrar) a ver el filme.
3. de cine.
4. .... (ser) mucho más barato.
5. .... (ganar) un Óscar en 1982.

acontecimiento en un punto concreto del pasado	indica una consecuencia	acción que se repite en el pasado	descripción en el pasado	explicación de la causa

UNIDAD 2 | ¿VES SERIES O PELÍCULAS? | SECUENCIA 2

1 OTROS FESTIVALES DE CINE

A. Lee en esta revista especializada la información sobre diferentes festivales de cine.

a. Observa las estructuras de superlativo y completa las que faltan, como en el ejemplo.

(+) más | (-) menos | (*) mayor

CINELIA

FESTIVAL INTERNACIONAL DE CINE DE MAR DEL PLATA
Inaugurado en 1954, este festival (evento/+prestigioso/cine) *es el evento más prestigioso del cine* en Argentina. Se proyectan películas de diferentes orígenes, temáticas y estilos. Todos los años se crean lazos entre el cine clásico y las nuevas tendencias. Es el punto de encuentro de espectadores y artistas. Se celebra en noviembre.

FESTIVAL DE MÁLAGA DE CINE
Nació en 1998 para promocionar cortometrajes, largometrajes y documentales destacados e inéditos del cine español. Además de ser punto de encuentro entre el público y los profesionales del sector, es (festival de cortos/+relevante/año) .... y con mayor expansión en el mercado cinematográfico de Latinoamérica. Se celebra cada año en abril.

SEMANA INTERNACIONAL DE CINE DE VALLADOLID
Inaugurado en 1956 con el nombre de Semana de Cine Religioso de Valladolid (transmitía valores católicos), poco a poco ha ido evolucionando y ahora (acontecimiento/+importante/cine de autor/cine independiente) .... de España. Tiene lugar cada año durante la Semana Santa en el mes de marzo o abril.

FESTIVAL INTERNACIONAL DEL NUEVO CINE LATINOAMERICANO DE LA HABANA
Es uno de (festivales/*importancia/cine latinoamericano) .... Nació en Cuba (1979) y su intención es dar a conocer las películas menos comerciales y reafirmar la identidad cultural latinoamericana. Este evento también ofrece exhibiciones de cine contemporáneo de otros países. Tiene lugar anualmente en diciembre.

b. Vuelve a leer los textos anteriores y marca la respuesta correcta.

¿Qué festival...	Mar del Plata	Málaga	Valladolid	La Habana
a. es el más antiguo?	○	○	○	○
b. se celebra el último mes del año?	○	○	○	○
c. solo promociona cine español?	○	○	○	○
d. está especializado en cine independiente?	○	○	○	○
e. ha evolucionado mucho?	○	○	○	○
f. exhibe cine de otras partes del mundo?	○	○	○	○
g. incluye películas clásicas y modernas?	○	○	○	○

B. Observa las imágenes y escribe frases, como en el ejemplo, utilizando el superlativo relativo. Hay varias opciones.

| a | Pedro Almodóvar — querido — Francia | b | plataforma de pago — utilizada — Estados Unidos | c | Penélope Cruz — famosa — Scarlett Johansson | d | Premios Goya — prestigioso — Premios Óscar |

a. *Almodóvar es uno de los directores españoles más queridos en Francia.*

b. ....

c. ....

d. ....

2 DATOS DE CINE

A. Vuelve a leer el texto de la página 21 del libro del alumno, después, marca verdadero o falso.

	V	F
a. La recaudación fue mayor este año.	☐	☐
b. El género más taquillero es el del cine de superhéroes.	☐	☐
c. *Campeones* fue candidata y ganó el Óscar.	☐	☐

B. Lee el siguiente texto sobre el cine en España y completa con las expresiones comparativas adecuadas y las cantidades que faltan.

80 % | 100 salas | 25 años | malas | 50 años | 35 años

EL CONSUMO DEL CINE EN ESPAÑA

Los espectadores que tienen (–) .... son los que más cine consumen en España (siete de cada diez espectadores menores de 25 años van al cine una vez al mes y (+) .... está suscrito a una plataforma digital de pago). Sin embargo, los espectadores que tienen (+) .... y (–) .... cada año van menos al cine y tienen menos acceso a las plataformas de pago. Estos datos muestran que la relación entre asistencia al cine y suscripción a plataformas va cambiando con la edad. Por otro lado, el año pasado se cerraron (+) .... de cine en toda España. Estas cifras son (=) .... que las de años anteriores.
El sector del cine tiene que conquistar a más espectadores para gozar de una mejor salud este año.

C. ¿Cómo es la situación del cine en tu país?, ¿es igual que en España? Escribe tu respuesta.

UNIDAD 2 ¿VES SERIES O PELÍCULAS? | SECUENCIA 3

1 SERIES LATINOAMERICANAS

A. Lee la sinopsis de estas series latinoamericanas y completa las líneas en rojo con las estructuras para hablar de series y las líneas en azul con el léxico que falta.

Hablar de series

El personaje principal | La historia tiene lugar | La protagonista | Este drama trata | está ambientada en
Los protagonistas son | Está basada en

Léxico

piel | feminista | México | colombiana | recuerdos | hombres | opresión | líder | siglo | amor | infierno | décadas

La esclava blanca. .... en el .... dieciocho en Colombia. ....
es Victoria, una niña blanca que pierde a sus padres y vive durante doce años con una familia negra de esclavos. Años más tarde y por .... debe luchar contra las normas sociales de la época y las diferencias del color de la ....

La niña. .... de los problemas de Belky, una chica que tuvo que aprender a vivir y a luchar, lejos de su familia durante cincos años, en la selva con la guerrilla .... Cuando sale de este .... de violencia, se enfrenta a los desafíos que supone reintegrarse a la sociedad, superar sus peores .... y empezar una nueva vida.

Narcos. Esta ficción dramática .... la lucha contra el narcotráfico en Colombia y en .... en las últimas .... del siglo veinte. .... dos agentes de la policía y su objetivo es encontrar a Pablo Escobar, el .... del cártel de Medellín. La palabra *narco* significa *narcotraficante*.

Juana Inés. .... la vida de sor Juana Inés de la Cruz, que fue considerada un referente femenino frente a la .... en un mundo dominado por el rey, los .... y la iglesia. ....
es Juana Inés. El tema de fondo es el poder .... y el romance con otra mujer en la difícil época del siglo diecisiete en México.

2 ¿ME LO CUENTAS TODO?

A. Lee los diálogos y complétalos con las expresiones de las tablas que hay a continuación. Hay varias posibilidades.

• Oye, Violeta, ¿*has visto la nueva serie* que se llama *La niña*?
• Síííí. ¡Claro!
• ¿...............? A mí, ... 👍, no falta suspense y acción en todos los episodios. .... 😊. ¿...............?
• *Lo que más me ha gustado* 👍 ha sido el final… ¡Es increíble!, y .... 👎, la interpretación de uno de los actores.
• Pues yo encontré bien a los actores, ... 👍.

• Valeria, ¿...............? ¿...............?
• Las dos .... 👍, pero son muy diferentes.
• Pues .... 😞 tan interesantes. Las encontré aburridas.
• ¿Sí? ¿También la música?
• Bueno, en *La niña* .... 👎 fue la banda sonora. Y en *Narcos*, ... 👍 fueron los diálogos de los guerrilleros.

pedir valoración	valorar 👍	valorar 👎	expresar acuerdo ☺ desacuerdo ☹
- *¿has visto la nueva serie…?* - ¿Qué te ha parecido? - ¿Qué te ha gustado más? - ¿Viste las dos series colombianas ayer? - ¿Cuál te gustó más?	- ¡me ha encantado! - *Lo que más me ha gustado* - lo que más - me han parecido muy buenos - me parecieron muy interesantes	- lo que menos - lo que menos me gustó	- A mí también me ha encantado - a mí no me parecieron

B. Ahora, utiliza estos adjetivos para valorar un libro, un viaje o un espectáculo. Usa las estructuras de la página 23 del libro del alumno.

☺
excelente
interesante
divertido
fantástico
original
único

☹
malo
regular
lento
largo
aburrido
rollo

....
....
....
....

C. Forma seis frases con los elementos de las tres columnas.

¿Qué ¿Cuál ¿Cuáles	película española son las sabes de estos son de las	series tiene más capítulos? de las películas mudas? tus géneros preferidos? es tu favorita? series que más te han impactado? festivales de cine es más importante?

a. .... d. ....

b. .... e. ....

c. .... f. ....

D. Utiliza los interrogativos adecuados y escribe una pregunta para cada respuesta. Hay varias posibilidades.

¿Qué película quieres ver mañana?   La película sobre la vida de Queen.

a. ¿..? Almodóvar y Juan Antonio García Bayona.

b. ¿..? Una plataforma digital de pago.

c. ¿..? Me encantan los dramas.

d. ¿..? Belky y Juana Inés.

e. ¿..? Al cine Rex.

UNIDAD 2 | EXAMEN DELE

COMPRENSIÓN DE LECTURA

A continuación, vas a leer un texto sobre Almodóvar. Después, elige la opción correcta, *a*, *b* o *c*, para las preguntas, 1 a 6.

ALMODÓVAR, EL GENIO DEL CINE ESPAÑOL

Nació en Calzada de Calatrava (Ciudad Real) en 1949, en una época negativa para España, pero muy buena para el cine. Fue educado en una familia tradicional española que quería para él una formación escolar con valores religiosos, pero desde muy joven, y en su tiempo libre, descubrió su pasión por el séptimo arte… su pasión por el cine.

Con solo dieciocho años decidió irse a Madrid, donde descubrió *la ciudad, la cultura y la libertad* y entró en contacto con *la clase media española en el inicio de la época del consumo*. Vivía solo y trabajaba en lo que encontraba. Con el dinero que ganaba compró su primera cámara de Súper 8 y poco después estuvo doce años en una empresa estatal como administrativo.

En los 70 empezó a escibir relatos para revistas *underground*. Al mismo tiempo, publicó una novela corta y colaboró con periódicos y revistas como *El País*, *Diario 16* y *La Luna* además de participar en un grupo de teatro.

La vida de Almodóvar la encontramos en las historias de sus películas. Todos sus filmes son un reflejo de él y de cómo se siente cuando las escribe y las filma.

En sus películas, Almodóvar rompió los tópicos del cine español y renovó el género de la comedia que, en esa época, era considerado de mala calidad, introdujo argumentos más complicados, un nuevo estilo con más colores ácidos (rojo, azul y verde) y fue capaz de romper los tabúes de la realidad social española utilizando con maestría la risa y el dolor.

Los temas principales en sus películas son la realidad española, la homosexualidad y el amor, y todos ellos en un ambiente español único.

La figura de la mujer, como protagonista, es muy importante en todas sus películas. Son mujeres que siempre tienen problemas por culpa de los hombres. En este sentido, es fundamental señalar que la figura de la madre es decisiva en muchas de sus películas, especialmente en *Todo sobre mi madre*, realizada en plena crisis por la muerte de su madre doña Francisca Caballero, y en *Volver*.

Con el paso de los años, Almodóvar se ha convertido en el cineasta español más laureado de todos los tiempos y es considerado un verdadero genio. Ha ganado dos Óscar e innumerables premios Goya a lo largo de su carrea artística.

Adaptado de *www.elmundo.es*

PREGUNTAS

1 Según el texto, los años 50 no fueron…
a. buenos para España, pero sí para el cine.
b. malos ni para España ni para el cine.
c. buenos para Almodóvar.

2 Según el texto, Almodóvar fue a Madrid a…
a. descubrir la libertad.
b. comprarse una cámara.
c. vivir y trabajar.

3 En el texto se informa de que Almodóvar…
a. perteneció a la clase media.
b. escribió en revistas y periódicos.
c. redactó un libro de cuentos.

4 El texto informa de que la vida de Almodóvar…
a. influye en sus filmes.
b. no aparece en sus películas.
c. no es importante en sus filmes.

5 Según el texto, la figura de la madre es…
a. muy importante.
b. inexistente.
c. secundaria.

6 Según el texto, Almodóvar tiene…
a. un Goya.
b. pocos premios.
c. muchos reconocimientos.

COMPRENSIÓN AUDITIVA

A continuación, vas a escuchar seis noticias sobre cine de un programa radiofónico. Escucharás el programa dos veces. Después, selecciona la opción correcta, *a*, *b* o *c*, para cada noticia, 1 a 6.

NOTICIAS

1 Según el audio, en la última edición de los Goya, Almodóvar...

   a. recibió únicamente siete Goyas.

   b. fue nominado a diecisiete Goyas.

   c. obtuvo solo el Goya al mejor director.

2 En la audición se informa de que Alejandro Amenábar es...

   a. el mejor director de cine de España.

   b. el único director de cine español.

   c. un excelente director de cine español.

3 Según la noticia, las entradas para ir al ciclo de películas mudas...

   a. son gratuitas para todos y se recogen en la taquilla.

   b. cuestan tres euros y se compran en taquilla o en la web.

   c. tienen precio reducido y se compran solo en taquilla.

4 Según el audio, la recaudación de los cines españoles este año ha sido...

   a. igual a la del año pasado.

   b. mayor que la del año pasado.

   c. menor que la del año pasado.

5 La noticia informa de que la actriz Penélope Cruz está ahora...

   a. dirigiendo un drama.

   b. participando en una comedia.

   c. trabajando en un *thriller*.

6 Según la noticia, las series españolas...

   a. se consumen solo dentro de España.

   b. son las que más se ven en Europa.

   c. se exportaron a televisiones privadas.

UNIDAD 3 ¿CÓMO SERÁ LA ALIMENTACIÓN? | SECUENCIA 1

1 ALIMENTOS DEL FUTURO

A. La revista *Comer Sano* presenta algunos alimentos del futuro.

a. Infórmate sobre cada uno y completa la información con sus beneficios.

COMER SANO

El fonio es un cereal de origen africano y rico en proteínas. Además, contiene hierro, calcio y fósforo, y es muy beneficioso para el cabello, las uñas y la piel. No contiene gluten, pero sí un alto contenido en fibras y hierro. Se puede utilizar para preparar ensaladas y sopas e incluso para elaborar productos de repostería porque este alimento puede sustituir al huevo.

El kale o col rizada pertenece a la familia del brócoli y la coliflor. Es muy resistente a las altas temperaturas. Es un alimento muy nutritivo, rico en minerales y es una gran fuente de fibra. Tiene vitaminas A, C, K y B6. Contiene antioxidantes y mucho calcio y hierro, y propiedades contra el cáncer y el párkinson. Ayuda a perder peso y a bajar el colesterol.

La raíz de loto crece en muchas superficies de agua. Es excelente para la salud por sus muchos nutrientes. Es un alimento muy importante en países como la India, Japón y China, de donde viene. Sus semillas se pueden plantar y guardar durante años. Tiene mucha fibra, proteínas, minerales y vitamina C. Es también utilizada como medicamento.

La verdolaga crece en el suelo de manera natural y no necesita muchos cuidados. Es una planta silvestre, comestible y medicinal que proviene de Asia. Es rica en omega 3, minerales y vitaminas A, B y C. Se utiliza en recetas de sopas y ensaladas, y con ella se elaboran salsas para los platos de pasta. Es excelente contra los vómitos, la diarrea y el acné.

fonio	kale	raíz de loto	verdolaga

b. Ahora, busca dos alimentos con características similares a estos y escribe un texto como los anteriores.

2 FUTURA GASTRONOMÍA

A. En la revista *Comer Sano* hay un reportaje sobre los hábitos gastronómicos futuros.

a. Léelos y complétalos con el verbo adecuado en futuro.

querer | consumir | endulzar | poner | poder | costar | empezar | convertirse | estar | degustar | hacer | venderse | comprarse | utilizar | ser | considerarse

COMER SANO

Insectos para comer

La entomofagia es el consumo de insectos por el hombre. Seguramente, en los próximos años los insectos .... presentes en nuestra dieta diaria. Los .... comprar en el supermercado y los .... como algo habitual. Posiblemente .... pasteles con ellos y los .... en restaurantes especializados.

Azúcar más sano

Para evitar el exceso de azúcar blanco, seguro que .... a utilizar otras formas más naturales. La gente .... también la zanahoria, la remolacha dorada, la calabaza o el boniato. Estos alimentos son más saludables y .... un buen sustituto que .... nuestras comidas de forma más natural y además no .... mucho.

Feo pero bueno

Los alimentos feos .... en el producto que todos .... comprar porque parecen sanos, orgánicos y libres de tóxicos. .... el símbolo de la autenticidad.

Probablemente .... en todas las tiendas. Los .... al lado de los productos bonitos y .... muy bien.

b. Después de leer los textos anteriores, marca verdadero o falso.

		V	F
a.	Poco a poco introduciremos insectos en nuestra dieta.	☐	☐
b.	No tendremos un acceso fácil para comprar insectos.	☐	☐
c.	Solo el azúcar blanco puede endulzar los alimentos.	☐	☐
d.	Utilizaremos otro tipo de alimentos para endulzar.	☐	☐
e.	Los *productos feos* serán considerados productos sanos.	☐	☐
f.	Los productos con mejor aspecto se venderán peor.	☐	☐

c. Ahora, localiza en los textos anteriores la forma de futuro de estos verbos irregulares. Después, completa la conjugación.

hacer	poder	querer	poner

UNIDAD 3 ¿CÓMO SERÁ LA ALIMENTACIÓN? | SECUENCIA 2

1 PROPUESTAS DE OCIO

A. ¿Recuerdas cómo podemos expresar el futuro?

a. Lee y relaciona cada frase con el uso del futuro correspondiente.

a. Prepararé una tarta para tu cumpleaños.
b. El lunes próximo preparo una degustación de tapas en casa.
c. Voy a comer en un nuevo restaurante vegetariano.

1. hablar de planes
2. expresar posibilidades
3. expresar decisiones

b. Ahora, completa los comentarios con el uso del futuro adecuado. Después, localiza los marcadores temporales que se usan con este tiempo verbal.

PL (planes) | PO (posibilidades) | D (decisiones)

1. ¡Vaya, la experiencia es el sábado próximo! Ese día .... (yo, comer, PL) con una amiga y después .... (nosotros, ir, PL) a una exposición de fotografía a las 18:00. .... (nosotros, terminar, PO) sobre las 20:00 y después .... (nosotros, ir, PO) a cenar.

2. ¡El sábado que viene!, ¡vaya!, por la mañana .... (yo, ir, D) a una excursión a la montaña, haremos una ruta nueva, pero .... (nosotros, volver, PL) a la hora de comer. Por la noche .... (yo, cenar, PO) con mi novio y sus amigos.

3. ¡El sábado por la mañana, estupendo!, por la noche .... (yo, ir, D) con mi hermano a una fiesta, pero por la mañana .... (yo, estar, PL) libre y .... (yo, poder, PO) hacer alguna actividad gastronómica o alguna degustación con mi grupo de amigos.

B. Observa estos carteles, elige uno y escribe tu propuesta. Puedes consultar la página 32 del libro del alumno.

TORTILLAS DE PATATAS
08/05/2020
20:00-23:00
Plaza Bib Rambla, Granada

¿Nuevas recetas de tortilla con chorizo, gambas, manzanas, puerros o dátiles?

¿VAS A VENIR A PROBARLAS?

RUTA DE LOS **50** PINCHOS
21/03/2020
21:00-24:00
Casco Viejo de Bilbao

Degustación de pinchos típicos vascos.

¡No te lo puedes perder!

C. Cada imagen corresponde a una experiencia gastronómica.

a. Lee los textos y relaciona cada uno con la imagen adecuada.

experiencia medieval ☐   comer sin luz ☐   cocina molecular ☐

a El viernes próximo iremos a cenar a un nuevo restaurante donde no podremos ver nada, así nuestros sentidos se centrarán en el plato. Los camareros son ciegos y nosotros nos concienciaremos con su realidad cotidiana.

b La semana que viene voy a ir a cenar con mi familia a un nuevo concepto de restaurante. Los alimentos sufrirán un proceso de deconstrucción química y serán presentados de forma creativa y en diferentes texturas.

c Nosotras probaremos un menú típico de la Edad Media. Vamos a cenar en una cueva subterránea del siglo VIII. Degustaremos muchos platos cocinados y elaborados como se hacían en el pasado.

b. Ahora, imagina que te invitan a participar en las experiencias anteriores. Reacciona aceptando o rechazando y justificando el rechazo. Puedes utilizar estas expresiones.

No puedo. Es que… | No sé… | ¡Estupendo! | ¡Vaya! | ¡Qué buena idea!
El sábado/domingo/fin de semana… | Vale, pero… | ¡Sí, claro!

Experiencia a: ....

Experiencia b: ....

Experiencia c: ....

D. Lara propone a su amigo Roberto participar en la ruta de los 50 pinchos. Utiliza esta información y escribe un diálogo.

Propuesta de Lara	Roberto
- sábado, a las 21:00	- rechaza la propuesta
- cena, ruta de pinchos	- al final acepta la invitación
- insiste	

veintitrés | **23**

UNIDAD 3 ¿CÓMO SERÁ LA ALIMENTACIÓN? | SECUENCIA 3

1 TENDENCIAS: GASTRONOMÍA EN 3D

A. Vas a leer un breve texto, en un blog de gastronomía, sobre las impresoras 3D.

  a. Antes de leerlo, marca si crees que estas afirmaciones son verdaderas o falsas.

	V	F
a. La comida y los objetos se imprimieron en la misma fecha.	☐	☐
b. Las impresoras 3D solo fabrican platos elaborados.	☐	☐
c. Estas impresoras ya están en muchos restaurantes.	☐	☐

  b. Ahora, lee el texto y, en parejas, comparad vuestros resultados.

¿COMIDA EN 3D?

Hoy en día, la tecnología 3D está presente en sectores tan populares como la gastronomía. Ya no es ciencia ficción. Ahora podemos imprimir y degustar platos impresos en 3D. La primera impresora en 3D apareció en 1984, pero hubo que esperar hasta 2007 para ver impresos alimentos como galletas, quesos y purés. Y es que las impresoras en 3D han revolucionado el mundo de la cocina y de la gastronomía y ya es posible imprimir platos completos y calentarlos, y, probablemente, en un futuro, cocinarlos. Somos muy optimistas. De momento, están presentes en las cocinas de algunos restaurantes con estrellas Michelin.

B. Algunos lectores han publicado sus opiniones sobre el texto anterior. Léelas y completa cada opinión con la expresión para valorar más adecuada.

👍	👎
— Está muy bien	— Lo encuentro ridículo
— Me parece genial	— Me parece horrible
— Me parece estupendo	— Me parece fatal
	— Lo encuentro carísimo

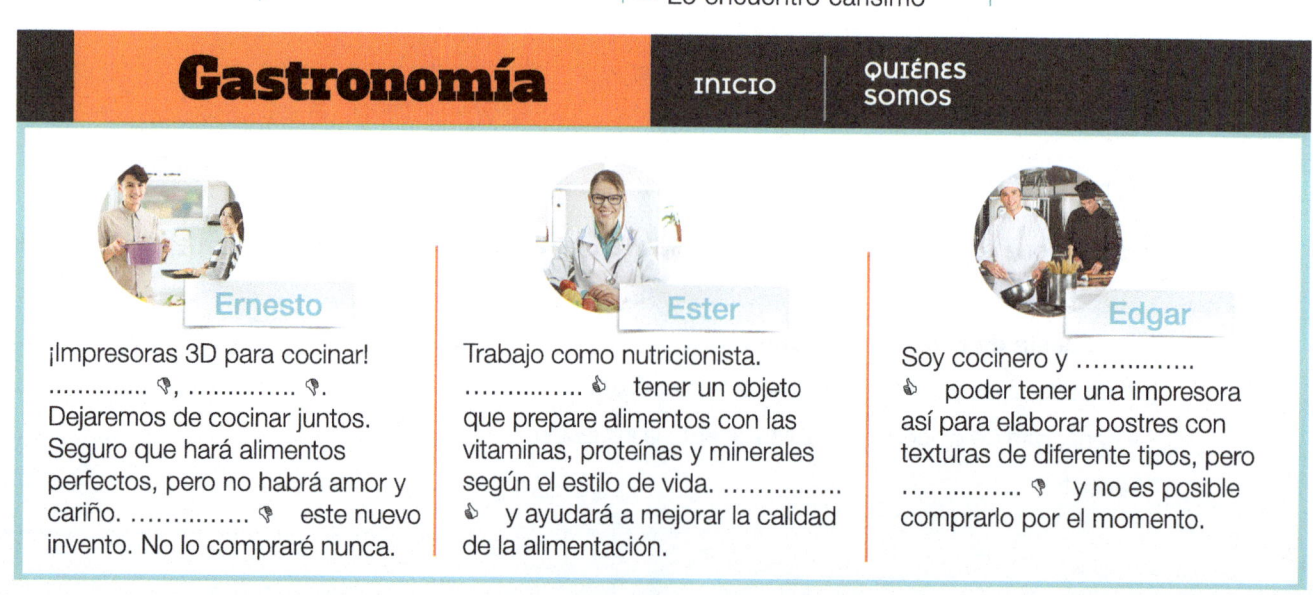

Ernesto
¡Impresoras 3D para cocinar! .... 👎, ... 👎. Dejaremos de cocinar juntos. Seguro que hará alimentos perfectos, pero no habrá amor y cariño. .... 👎 este nuevo invento. No lo compraré nunca.

Ester
Trabajo como nutricionista. .... 👍 tener un objeto que prepare alimentos con las vitaminas, proteínas y minerales según el estilo de vida. .... 👍 y ayudará a mejorar la calidad de la alimentación.

Edgar
Soy cocinero y .... 👍 poder tener una impresora así para elaborar postres con texturas de diferente tipos, pero .... 👎 y no es posible comprarlo por el momento.

2 TENDENCIA SOSTENIBLE: *TRASH COOKING*

A. Lee el siguiente artículo sobre una nueva técnica en la cocina.

a. Complétalo con los siguientes fragmentos.

a. son necesarias para hacer combinaciones gastronómicas interesantes.
b. Todo tiene un valor en la cocina. Por ejemplo, la piel de las verduras fritas es un tentempié muy rico.
c. Hay ahorro de dinero e innovación gastronómica al mismo tiempo.
d. Estas partes que se desechan son las más beneficiosas para la salud.
e. nuevos platos y recetas con sobras e incluso desperdicios de la preparación de otros alimentos.
f. porque sobre todo comemos muchas veces más por los ojos que por la boca.

ORIGINALIDAD EN LA COCINA

El *trash cooking*, cocinar con basura o también llamado *cocina de aprovechamiento*, es una técnica nueva que consiste en preparar ....

Lo más importantes en el *trash cooking* es:

- La imaginación y la originalidad que ....
- La utilización de la parte de los alimentos que tiene más nutrientes y que, sin embargo, es la que no se usa.
....
- La presentación final del plato es fundamental ....

¿Qué alimentos se utilizan en el *trash cooking*?

Se utilizan especialmente las verduras y las frutas, pero también las carnes y los pescados. ....
Con la piel de las naranjas y de los limones podemos aromatizar postres.
Además, podemos usar los restos de carnes, pescados y mariscos para hacer sopas, en particular, pieles de animales, que podemos cocinar y preparar *snacks* deliciosos y muy nutritivos.
Todo se utiliza y no tiramos nada. ....
....

b. Ahora, localiza en el texto los conectores adecuados para completar la información.

añadir información	destacar una información	oponer una información

c. Vuelve a leer el texto y responde a estas preguntas.

a. ¿Qué es *cocinar con basura*? ....
b. ¿Qué aspectos son importantes en esta técnica? ....
c. ¿Por qué se considera *cocinar con basura* una tendencia sostenible? ....
d. Cita tres alimentos que podemos usar en esta técnica. ....

UNIDAD 3 | EXAMEN DELE

COMPRENSIÓN DE LECTURA

A continuación, vas a leer un correo que Félix escribe a su amiga Violeta. Elige la opción correcta, *a*, *b* o *c*, para completar los huecos, 1 a 6.

Para: Violeta
CC:
Asunto: Propuesta gastronómica

Querida Violeta:

Te escribo porque te quiero hacer una propuesta gastronómica a la que no __1__ decir que no. A ver, te cuento, han abierto un nuevo concepto de restaurante que tiene una enorme oferta culinaria y propone unos menús con unos platos de degustación veganos que, según dice María, que fue la semana pasada, son muy buenos y no demasiado caros, y __2__ hay un espectáculo de música al mismo tiempo que estás cenando.

Es un restaurante-musical. A mí me parece una idea muy original poder comer y escuchar nuevos grupos de música. ¿Te apetece ir? Nos __3__ seguro porque he leído las críticas de los clientes y todas son excelentes.

¿Cuándo vamos?, ¿comida o cena? __4__ que reservar antes, __5__ no te preocupes que yo me voy a ocupar de todo. Como es nuevo, estos primeros meses __6__ a ir mucha gente, ah, y otra cosa, también tendremos que mirar la página web del restaurante para ver si el estilo de música de ese día nos gusta, porque cambia cada semana.

Bueno, Violeta, espero tu respuesta para organizar la reserva, ¿vale?
Seguimos en contacto.

Un beso enorme,
Félix

OPCIONES

1. a. has podido   b. podrás   c. tendrás
2. a. pero   b. sin embargo   c. además
3. a. encantará   b. irá   c. iremos
4. a. Habrá   b. Hubo   c. Había
5. a. incluso   b. pero   c. en particular
6. a. vamos   b. van   c. va

COMPRENSIÓN AUDITIVA

🔊 4 A continuación, vas a escuchar seis mensajes de buzón de voz. Escucharás cada mensaje dos veces. Después, selecciona la opción correcta, *a*, *b* o *c*, para cada mensaje, 1 a 6.

MENSAJES

1 ¿Qué quiere hacer Patricia?

   a. visitar a sus amigos que viven allí.

   b. comer las tapas típicas de la zona.

   c. pasar el fin de semana allí con Pilar.

2 ¿Para qué llama Ángel a David?

   a. explicarle que Carlos no irá a tapear con ellos.

   b. decirle que no le acompañará a tapear.

   c. contarle que su novia y Carlos irán a tapear con ellos.

3 ¿Qué hace Beatriz?

   a. informa a Mateo de una conferencia que le puede interesar.

   b. llama a Mateo para invitarle a cenar en un lugar nuevo.

   c. le dice a Mateo que hay un taller gastronómico interesante.

4 ¿Para qué llama Mario a Renata?

   a. para hablarle de una aplicación de contactos nueva.

   b. para invitarla a su casa a cenar el viernes.

   c. para llevarle comida el fin de semana.

5 ¿Para qué llama Natalia a Marcos?

   a. para proponerle ir a cenar a un restaurante vegano.

   b. para decirle que hay un taller para cocinar carne.

   c. para proponerle asistir a un taller con ella.

6 ¿Qué va a hacer Julio?

   a. una reserva para festejar un cumpleaños.

   b. reservar una comida en un nuevo restaurante.

   c. reservar un restaurante para diecisiete personas.

UNIDAD 4 ¿CUÁL ES TU DEPORTE? | SECUENCIA 1

1 ¿PRACTICAS DEPORTE?

A. Observa las imágenes de estos deportes y actividades físicas.

a. Escribe debajo de cada una el nombre del deporte o actividad correspondiente.

baloncesto | remo | tenis de mesa | balonmano | ala delta | natación | voleibol
atletismo | gimnasia | esquí | senderismo | tiro | halterofilia | submarinismo

b. Ahora, indica al lado de cada imagen anterior si son: 1. de aventura; 2. de equipo; 3. individual; 4. urbano.

B. La revista *Actividad física* recoge la biografía deportiva de algunos lectores.

a. Léelas y completa la información.

ACTIVIDAD FÍSICA

a. Siempre me ha gustado el deporte. Estuve jugando al fútbol ocho años, llevo practicando el bádminton desde que tenía trece años y cada fin de semana sigo jugando partidos regionales con mi equipo. De todos los eventos deportivos el que más me gusta es el campeonato de Europa. Lo veo siempre en la televisión.

b. Me encanta hacer deporte. Estoy yendo a un club de esgrima una vez por semana. Llevo haciéndolo desde hace seis meses, pero he aprendido mucho en poco tiempo. Todavía no pertenezco a ningún club, pero quiero inscribirme en uno. También me encanta ver las competiciones deportivas y los JJ. OO. en la televisión.

c. La natación es mi verdadera pasión. Voy a la piscina tres tardes a la semana. Llevo nadando en la misma piscina desde que tenía seis años y sigo participando en los campeonatos de verano con un club semiprofesional al que pertenezco. Siempre veo el Campeonato Mundial de Natación en televisión.

	deporte	frecuencia	club/equipo	eventos deportivos
a. Eduardo				
b. Gabriela				
c. Benjamín				

b. Ahora, localiza en los textos las expresiones con gerundio y clasifícalas según su significado.

Describe una acción en desarrollo	Indica que una acción empezó en el pasado y todavía se realiza	Describe la duración de una acción durante un tiempo determinado

C. Escribe el gerundio de estos verbos.

a. poder: .... d. huir: .... g. oír: ....

b. sentir: .... e. caer: .... h. preferir: ....

c. dormir: .... f. pedir: .... i. traer: ....

D. Observa las imágenes y escribe tres frases para cada una. Utiliza *estar/seguir/llevar* + gerundio.

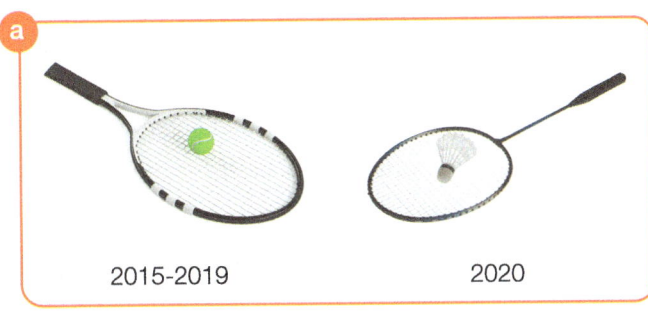

2015-2019   2020

2018   2020

a. Valeria ....
....
....

b. Hugo ....
....
....

2 ¿CÓMO HACES DEPORTE?

A. ¿En qué deportes se utilizan estos objetos? Escribe el nombre de tres deportes debajo de cada uno.

BALÓN	RAQUETA	PORTERÍA	RED

B. Lee las descripciones del ejercicio B del libro del alumno, pág 43, y describe uno de estos deportes con este léxico.

pelota | red | reglas
raquetas | jugadores | árbitro

equipos | jugadores | red
balón | cancha

UNIDAD 4 | ¿CUÁL ES TU DEPORTE? | SECUENCIA 2

1 OTRAS TERAPIAS CORPORALES

A. En un blog de salud explican los beneficios de dos terapias corporales diferentes.

a. Lee los textos y complétalos con estas palabras.

emocional | suaves | equilibrio | tranquilidad | movimientos | energía | técnicas | respiración
estrés | concentración | mental | sueño | mente | corporales | cuerpo | postura

TERAPIAS CORPORALES

Inicio | Artículos | Consejos

El pilates es una de las técnicas de entrenamiento más extendidas actualmente. Fue creada por Joseph Hubertus Pilates a principios del siglo XX. Sus fundamentos son la respiración profunda, la buena ...., los movimientos suaves y fluidos y la concentración .... En su práctica debemos concentrarnos en los .... y en la respiración para reducir tensiones. Entre sus beneficios están: mejorar la ...., la mente debe controlar el .... y tiene que haber armonía entre los dos y controlar la ansiedad y el .... físico y .... Favorece, además, nuestro descanso y facilita el .... ayudándonos a dormir. En cada sesión nuestro cuerpo se tonifica y sentimos más confianza en nosotros.

Chi significa *energía* y *kung*, *trabajo* o *técnica*. El *chi kung* se basa en .... de la medicina tradicional china que combina la respiración, las posturas .... y el poder de la .... Es el arte de hacer circular la energía de manera armoniosa por nuestro organismo. Esta práctica combina la .... de forma pausada para proporcionar un estado de ...., con movimientos .... y lentos que ayudan a abrir la energía de los canales del cuerpo. Los beneficios más importantes son la reducción del estrés, la mejoría del sueño, el aumento de la .... y el .... de las emociones.

b. Vuelve a leer los textos y marca si son verdaderas o falsas estas afirmaciones.

	V	F
a. El nombre de pilates procede de su creador.	☐	☐
b. La respiración y los movimientos son muy importantes en pilates.	☐	☐
c. El *chi kung* es una técnica basada en la fuerza mental.	☐	☐
d. En el *chi kung* hay que moverse con energía, pero lentamente.	☐	☐
e. El pilates y el *chi kung* nos ayudan a dormir mejor.	☐	☐

2 EJERCICIOS DE PILATES

A. Escribe el nombre de cada una de estas partes del cuerpo.

B. Lee estas definiciones y complétalas con la parte del cuerpo adecuada.

a. Está entre los hombros y la cintura: ....
b. Con ellas podemos escribir: ....
c. Ponemos en ellos los zapatos: ....
d. Parte superior del cuerpo: ....
e. Une la cabeza y el cuerpo: ....
f. Extremidad superior del cuerpo: ....
g. Para bailar salsa tienes que moverla: ....

C. Lee y completa estas frases con el adjetivo adecuado. Después, relaciónalas con la imagen adecuada.

a. Los brazos y el cuello .... (apoyar) en el suelo. La espalda .... (levantar) sin tocar el suelo. Las piernas .... (estirar) rectas por encima de la cabeza.

b. .... (tumbar) en el suelo, boca abajo. Los brazos, hasta el codo, ... (apoyar) en el suelo y desde el codo hasta el hombro .... (estirar). La espalda .... (flexionar) y la cabeza y el pecho .... (levantar).

c. Las rodillas y las manos .... (apoyar) en el suelo. Los brazos .... (estirar). La espalda .... (flexionar) hacia abajo y la cabeza .... (estirar) hacia arriba.

d. Las manos .... (apoyar) en el suelo y los brazos .... (estirar). Las piernas .... (estirar) hacia delante sin tocar el suelo. La espalda y el cuerpo .... (levantar) sin tocar el suelo.

e. Sentada con las piernas .... (cruzar). La pierna derecha por encima de la izquierda. Por detrás de la espalda con los brazos .... (estirar), la mano derecha intenta tocar la mano izquierda.

f. Sentada sobre las piernas, las manos .... (apoyar) en el suelo. Los brazos .... (estirar) y el cuerpo .... (flexionar) completamente.

UNIDAD 4 ¿CUÁL ES TU DEPORTE? | SECUENCIA 3

1 ¡MOVEOS!

A. Lee las instrucciones que dan estos entrenadores y completa con el imperativo adecuado. ¿Con qué imagen relacionas cada instrucción?

a    b    c    d

☐   ☐   ☐   ☐

1

TÚ

Antes de empezar, ... (calentar) un poco. Primero, ... (correr) por la sala dos minutos. Después, ... (hacer) dieciséis flexiones. Seguidamente, ... (saltar) a la cuerda otros dos minutos. Ahora, ... (empezar) levantando poco peso con los brazos. Primero con el derecho y .... (hacer) lo mismo con el izquierdo. .... (repetir) el ejercicio. .... (tumbarse) en el suelo para hacer abdominales. Tumbado en el suelo y con los brazos detrás de la cabeza, ... (levantar) el cuerpo poco a poco. .... (repetir) ocho veces y después, ... (descansar).

2

VOSOTROS

Primero, ... (subir) la rodilla izquierda hasta la cintura y .... (repetir) el ejercicio cinco veces. Ahora, ... (hacer) lo mismo con la rodilla derecha. Muy bien. .... (poner) los brazos en la cadera y .... (girar) la cintura hacia la derecha y hacia la izquierda. Con las piernas abiertas, ... (estirar) hacia adelante, ... (poner) la espalda recta y .... (mirar) al frente. .... (respirar) y .... (volver) a la posición inicial.

3

TÚ

Primero, ... (comenzar) a calentar. .... (pedalear) rápidamente durante dos minutos al ritmo de la música. .... (escuchar) la música y .... (concentrarse) en cada movimiento. Ahora, ... (agarrar) el manillar de la bicicleta y .... (levantarse). Así, muy bien. .... (sentarse) y .... (seguir) pedaleando a ritmo más lento. .... (ponerse) de pie otra vez y .... (continuar) así durante dos minutos.

4

VOSOTRAS

.... (estar) muy atentas y .... (jugar) con calma, pero .... (moverse) rápido. .... (correr) por toda la cancha y .... (encestar) en la canasta cuatro veces cada una. .... (pasar) el balón a las compañeras. .... (volver) a la zona de tiro y .... (seguir) entrenando veinte minutos más el tiro desde la línea de tres puntos. Finalmente, ... (sentarse) un momento para comentar juntos el entrenamiento.

B. Observa las imágenes y con el siguiente léxico, escribe una instrucción (*tú* o *vosotros*) para cada una.

flexionar | estirar | mantener | levantar | apoyar | beber | cerrar | poner
rodillas | cuello | equilibrio | brazo | manos | agua | ojos | espalda

C. Transforma estas expresiones en instrucciones (*tú*) y sustituye el OD por el pronombre correspondiente, como en el ejemplo.

a. Hacer veinte flexiones: *Hazlas*
b. Aumentar el peso: ....
c. Repetir el ejercicio: ....
d. Escuchar la música: ....
e. Levantar las piernas: ....
f. Cambiar de pierna: ....
g. Subir la rodilla: ....
h. Levantar los hombros: ....

D. Lee estas frases y sustituye el OD y el OI por el pronombre adecuado, como en el ejemplo.

	tú	vosotros
Dar la mano a Ulises:	*dásela*	*dádsela*
a. Tocar los hombros de Daniela:	....	/ ....
b. Cantar la canción a tus amigos:	....	/ ....
c. Estirar las rodillas del profesor:	....	/ ....
d. Dejar los patines a tu hermana:	....	/ ....
e. Lanzar el balón a la canasta:	....	/ ....
f. Dejar la raqueta a Thiago:	....	/ ....
g. Guardar el material deportivo de Iván:	....	/ ....
h. Comprar los palos de golf a tu hijo:	....	/ ....
i. Tocar los pies de los compañeros:	....	/ ....

UNIDAD 4 | EXAMEN DELE

COMPRENSIÓN DE LECTURA

A continuación, vas a leer tres textos en los que unas personas hablan de su primera clase de pilates. Después, relaciona las preguntas, 1 a 6, con los textos, *a, b* o *c*.

	a. Adela	b. Jacobo	c. Emma
1. ¿Quién dice que no prestaba atención a su cuerpo?			
2. ¿Quién dice que le encanta la practica de esta actividad?			
3. ¿Qué persona dice que llevaba ropa que no era la adecuada?			
4. ¿Quién dice que tenía problemas para dejar la mente serena?			
5. ¿Qué persona dice que ahora controla movimientos y mente?			
6. ¿Qué persona dice que no escuchaba al profesor?			

a. Para mí empezar a hacer pilates fue maravilloso. En mi primera clase no estaba atenta, no me concentraba y estaba pensando en mi trabajo y en todas las cosas que tenía que hacer al volver a casa, y claro, al no estar atenta, pues hacía los movimientos muy rápidos. Mis posturas no se parecían mucho a las que mi profesor hacía porque no escuchaba sus instrucciones. Mi cuerpo era como un bloque rígido y mis músculos estaban siempre muy tensos. Intentaba concentrarme, respiraba de manera tranquila y sin demasiada fuerza, pero fue muy difícil dejar la mente tranquila y llegar a un equilibrio entre mi mente y mi cuerpo. Ahora todo es estupendo. El secreto es escuchar a tu cuerpo.

b. Todavía recuerdo mi primera clase de pilates en el gimnasio. Me había inscrito con mi novia para ir los dos juntos. El primer día fue un verdadero desastre porque no sabía cómo respirar y al mismo tiempo cómo mover mi cuerpo. ¡No es nada fácil al principio! A veces, me olvidaba de respirar y por eso no coordinaba respiración y movimientos, hacía posiciones que no eran buenas y forzaba demasiado los músculos, y no hay que hacer eso, yo lo hacía porque no escuchaba a mi cuerpo, además, tampoco estaba muy atento. Ahora todo ha cambiado porque ya dirijo mi mente y mi cuerpo.

c. Nunca voy a olvidar mi primera clase de pilates. Llegué a la clase con un pantalón y una camiseta bastante grandes y el profesor me dijo que no podía llevar esa ropa tan ancha, que la próxima vez tenía que llevar algo menos grande porque él tenía que ver los movimientos de mi cuerpo y con esa ropa era casi imposible, había metido la pata al comprármela, ¡qué vergüenza pasé!, pero después todo fue bien, porque tengo bastante equilibrio y podía hacer todas las posturas sin muchas dificultades. Me adapté a la velocidad lenta de los movimientos, a estar atenta y concentrada y a escuchar las reacciones de mi cuerpo. Todo es muy positivo en esta práctica que me apasiona.

COMPRENSIÓN AUDITIVA

A continuación, vas a escuchar un fragmento de un programa sobre la danzaterapia. Escucharás el fragmento dos veces. Después, selecciona la opción correcta, *a, b* o *c*, para cada pregunta, 1 a 6.

PREGUNTAS

1 En la audición se informa de que la danzaterapia consiste en...
   a. aprender a danzar en grupo.
   b. utilizar el movimiento como método curativo.
   c. moverse y pensar escuchando música.

2 Según la grabación, en la danzaterapia es importante...
   a. la persona con la que estás bailando.
   b. el pensamiento y la forma de escuchar música.
   c. el movimiento y la postura del cuerpo.

3 Según el audio, en las sesiones lo más importante es...
   a. la posición del cuerpo y la respiración.
   b. la sensación de dolor y miedo.
   c. la respiración y la forma de bailar.

4 Con respecto a la danzaterapia, se dice que...
   a. hay diferentes ejes sin relación entre sí.
   b. es una terapia que utiliza palabras.
   c. está basada en cuatro ejes interrelacionados.

5 Según el audio, para practicar danzaterapia...
   a. debes bailar como un profesional.
   b. hay que tener conocimientos básicos de baile.
   c. no importa si no sabes bailar.

6 Según la grabación, la danzaterapia es para...
   a. personas sin confianza en los demás.
   b. quienes desean mejorar su vida.
   c. un grupo de personas exclusivas.

UNIDAD 5 ¿CÓMO TE INFORMAS? | SECUENCIA 1

1 LOS PERIÓDICOS

A. Lee estas definiciones y relaciona cada una con el término adecuado.

a. editorial ☐   b. noticia ☐   c. reportaje ☐   d. entrevista ☐

e. crítica ☐   f. encuesta ☐   g. columna ☐   h. artículo de opinión ☐

1. Debe ser verdadero, actual, novedoso e interesante.
2. Conjunto de opiniones que se obtienen a través de consultas.
3. Presenta el punto de vista de una noticia. Puede realizarlo un escritor, un médico o un político.
4. Conjunto de opiniones positivas o negativas sobre el análisis de algo.
5. Artículo que recoge la opinión del periódico.
6. Trabajo de investigación periodística sobre un hecho, un personaje, etc.
7. Es un tipo de reportaje que presenta información sobre un personaje público.
8. Presenta opiniones, valoraciones y análisis de las noticias.

B. Este blog sobre prensa recoge la opinión de diferentes lectores. Léelas y subraya las expresiones para indicar acuerdo y desacuerdo. Después, clasifícalas.

PRENSA | Inicio | Artículos | Consejos | Categorías |

Los españoles ya casi no leen prensa en papel

Por Roberto Sánchez

Los resultados de las encuestas realizadas indican que la prensa impresa no la leen ahora muchos españoles. En los próximos diez años solo habrá prensa digital. Dejar de publicar prensa en papel será una solución ecológica muy buena.

Roberto tiene razón y yo estoy de acuerdo con él. Ahora consumimos más la prensa digital porque es accesible, rápida y gratis. Podemos consultar todos los periódicos en línea desde nuestros dispositivos móviles sin necesidad de comprarlos. Yo pienso igual que Roberto, dejar de publicar en papel ayudará y protegerá el medioambiente. Manuela.

Yo compro el periódico todos los días y no, no pienso lo mismo que Roberto. Es verdad que ahora menos personas compran periódicos en los quioscos y es cierto que prefieren leer las noticias en los periódicos digitales, pero la prensa impresa no puede desaparecer porque a muchos nos gusta leer en papel. Moisés.

Roberto tiene algo de razón en lo que dice, pero yo no estoy totalmente de acuerdo con él, porque hay muchas personas mayores que preferimos leer en papel y vamos a seguir comprando el periódico porque no tenemos acceso a los periódicos digitales. Es verdad que dejar de imprimir periódicos puede ser bueno para ayudar al medioambiente. Maravillas.

expresar acuerdo ☺	expresar desacuerdo ☹

2 NOTICIAS EN PRENSA

A. Lee las siguientes noticias de prensa que publica un diario local.

a. Completa cada una con el término adecuado y ponles un título.

proximidad | tendencia | destino | residencia
baratos | alternativo | encuestas | resultados

oposición | subida | medida | orden
violentos | huelgas | situación | precio

Los .... de las .... realizadas durante los últimos tres meses entre los españoles mayores de 35 años para saber dónde prefieren ir de vacaciones demuestran que las playas de la Costa Brava y la Costa del Sol están entre sus favoritas. Los precios .... y la .... a su lugar de .... hacen que elijan el turismo nacional, pero poco a poco esta .... va cambiando y más españoles prefieren las playas de Italia, Croacia y Grecia como .... turístico ....

Desde hace varios meses continúan las manifestaciones y .... en Santiago. Todo empezó con la .... del .... del transporte público en la capital chilena. Los estudiantes mostraron su .... y malestar hacia esta nueva .... saliendo a las calles y dejando de utilizar el metro, pero la situación fue a peor y se realizaron actos .... en todo el país que llevaron al presidente a intervenir para calmar la .... y restablecer el ....

b. Ahora localiza en cada una de las noticias anteriores las respuestas a estas preguntas.

Noticia a
a. ¿Qué?..
b. ¿Quiénes?..
c. ¿Dónde?..
d. ¿Cuándo?..
e. ¿Por qué?..

Noticia b
....
....
....
....
....

B. Ya sabes que para dar más importancia al complemento directo lo anteponemos utilizando el neutro *lo*. Lee y transforma las frases con el pronombre, como en el ejemplo.

Muchos españoles prefieren leer el periódico online. Muchos españoles lo prefieren leer online.

a. El equipo nacional ganó el campeonato del mundo en 2019. ....
b. Muchos celebran la fiesta de la música el 21 de junio. ....
c. Los lectores eligen hoy sus películas preferidas. ....
d. Eligieron la televisión como el medio de comunicación más usado. ....

UNIDAD 5 ¿CÓMO TE INFORMAS? | SECUENCIA 2

1 LA TELE

A. Observa las imágenes y relaciona cada una con la palabra adecuada.

a. hacer *zapping* b. pantalla c. mando a distancia d. audiencia/telespectadores

B. En el blog *Revista Tele* se describen algunos aspectos relacionados con los diferentes tipos de programas que se pueden ver en la televisión. Lee el texto y completa con el programa correspondiente.

teletiendas | concursos | informativos | documentales | debates

REVISTA TELE
| #NOTICIAS | #CRÍTICA AL INSTANTE | #PROGRAMACIÓN | #RESEÑAS

Los .... son los más vistos. Hay tres al día y gracias a ellos los españoles se informan de las noticias más importantes. Los españoles prefieren ver el de las 21:00.

Por las mañanas hay muchos programas llamados .... en los que se pueden comprar todos los objetos anunciados con un precio más barato que en las tiendas.

TVE2 es la cadena en la que podemos ver, muchos .... interesantes de cine, viajes y animales.

En todas las cadenas hay .... muy divertidos: de música, de cocina, de cultura, y las personas que participan pueden ganar mucho dinero.

Cuando hay que elegir presidente, algunas cadenas de televisión ofrecen .... en los que los candidatos hablan y presentan sus programas electorales.

C. Lee las opiniones de estos lectores sobre sus motivos para ver o no la televisión.

a. Selecciona la opción correcta: *por* o *para*.

REVISTA TELE
| #NOTICIAS | #CRÍTICA AL INSTANTE | #PROGRAMACIÓN | #RESEÑAS

a *Para/Por* mí, ver la televisión es una forma de evasión. La veo *para/por* aprender y disfrutar. Los programas que prefiero son los de viajes y los de animales. Solo tengo tiempo *para/por* ver estos documentales *para/por* la noche o los fines de semana cuando quiero relajarme en casa, pero puedo pasar horas y horas delante de la tele antes de cansarme y apagarla. Aquiles.

b La programación a veces no es muy buena y *para/por* no dormirme delante de la tele prefiero no verla. Muchos programas son *para/por* las personas a las que les gusta saber la vida de los actores, cantantes y personas conocidas, pero a mí eso me aburre. Me informo todos los días *para/por* las redes sociales y elijo esta forma de informarme *para/por* muchas razones personales. Berta.

b. Ahora, completa la información con ejemplos de las opiniones anteriores en las que se usa *por* y *para*.

finalidad	destinatario	medio	opinión	motivo	momentos del día

D. Relaciona las columnas y forma frases.

a. Me gusta ver la televisión
b. Un medio de comunicación
c. Las mejores series son
d. Estos dibujos animados son
e. Apago la televisión
f. Me informo

por

para

1. aburrimiento.
2. Internet de la actualidad.
3. la mañana.
4. informarse es la televisión.
5. mí las estadounidenses.
6. los niños menores de cinco años.

2 ¿INFORMADOS O DESINFORMADOS?

A. Lee este texto sobre algunas consecuencias del exceso de información.

a. Complétalo con *pero* o *sino*.

¿LA EXCESIVA INFORMACIÓN DIGITAL GENERA DESINFORMACIÓN?

Gracias a los medios de comunicación digitales vivimos en un mundo donde, constantemente, estamos rodeados de información, ... a veces esa información son solo bulos.

Las plataformas digitales están abiertas y todos tenemos acceso a ellas, no solo para consultarlas .... también para añadir y modificar noticias o dejar contenidos, ... tanta abundancia de información externa y de tantas fuentes diferentes puede hacer circular noticias falsas.

Vivimos en un tsunami informativo en el que hay un problema importante: la falta de pensamiento crítico. En las plataformas digitales podemos encontrar todo tipo de información, ... hay información verdadera, falsa, verificada o simples rumores, y no somos capaces de identificar la buena de la mala información .... debemos intentarlo.

Tenemos que formularnos una pregunta: ¿de quién debe ser la responsabilidad de ocuparse de la calidad de los contenidos que recibimos? No solo el usuario debe vigilar bien el tipo de información que consulta .... que debe contrastar las fuentes y debe aprender a desarrollar más las capacidades digitales de selección de noticias.

b. Vuelve a leer el texto y marca si las afirmaciones son verdaderas o falsas.

	V	F
a. El acceso a las plataformas digitales no está limitado.	☐	☐
b. Podemos crear y consultar, pero no añadir contenidos digitales.	☐	☐
c. Mucha información nos puede generar saturación y estrés.	☐	☐
d. No es necesario tener un pensamiento crítico.	☐	☐
e. Cada uno es responsable de cómo se informa.	☐	☐

treinta y nueve | **39**

UNIDAD 5 ¿CÓMO TE INFORMAS? | SECUENCIA 3

1 ANUNCIOS PUBLICITARIOS

A. Las siguientes palabras están relacionadas con diferentes soportes publicitarios. Relaciona cada una con su definición.

muestra | banderola | anuncio | *stand* | folleto | cartel

a. Publicidad exterior para promocionar un evento. *Banderola*.
b. Publicidad que encontramos en las revistas. ....
c. Espacio en una feria o salón para exponer productos o servicios. ....
d. Papel impreso que sirve para anunciar un producto. ....
e. Publicidad de gran tamaño situada en los lugares públicos. ....
f. Promoción comercial gratuita para probar un producto. ....

B. Casi todas las revistas contienen anuncios para publicitar diferentes productos. Lee estos dos anuncios y subraya los imperativos afirmativos y negativos.

¿TIENE GANAS DE PROBAR ALGO NUEVO Y DIFERENTE?

POWERSAND

- No tenga miedo a los cambios de sabor.
- Sepa que no contiene azúcar añadido.
- Cómprela en su supermercado de confianza.
- No gaste su dinero en copias de este producto.
- Pida su muestra gratis por correo electrónico.
- Elija siempre productos de calidad.

POWERSAND ES SU BEBIDA ¡LE VA A ENCANTAR!

¿Quieres sentirte bien?

* Modifica tu rutina diaria.
* Haz cambios ya.
* Incorpora la actividad deportiva en tu vida.
* Prueba una sesión gratis de aeróbic.
* No digas que no a esta fantástica oferta.
* Confía en nuestro equipo de monitores.

Ven a conocernos.
¡Te esperamos!

C. Ahora elige seis verbos irregulares del ejercicio B, escribe su infinitivo y conjúgalos en imperativo afirmativo y negativo.

infinitivo	AFIRMATIVO				NEGATIVO			
	tú	vosotros	usted	ustedes	tú	vosotros	usted	ustedes

2 NO COMPRE EL PRODUCTO

A. Relaciona las frases con los usos del imperativo.

a. No compre el producto si es alérgico al gluten.
b. Primero, busquen el producto y después cómprenlo.
c. No prometan cosas imposibles.
d. Segundo, empieza a conectar a nivel emocional.
e. No abras la caja antes si no tienes el tique de compra.
f. Pensad antes de hablar.

1. dar una orden
2. dar un consejo o persuadir
3. dar una instrucción

B. Completa las frases en imperativo afirmativo y negativo. Después, clasifícalas según el uso del imperativo.

a. *Probad/No probéis* (probar, vosotros) este nuevo producto.
b. .... (decidirse, tú) por algo si estás seguro.
c. .... (pensar, usted) bien antes de comprar.
d. .... (leer, ustedes) el texto completo.
e. .... (poner, usted) atención en el eslogan.
f. .... (recordar, vosotras) bien la marca.
g. .... (empezar, tú) a buscar clientes.
h. .... (ser, ustedes) originales al hacer la publicidad.

dar una orden	dar un consejo o persuadir	dar una instrucción

C. Observa las imágenes, elige una y da las instrucciones adecuadas para utilizarlo.

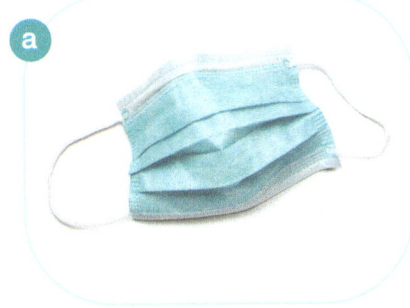

usar una mascarilla

poner la lavadora

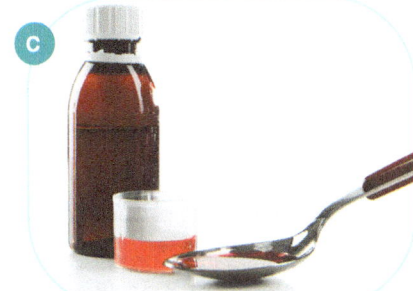

tomar un medicamento

D. Elige uno de los dos productos y escribe un anuncio publicitario para persuadir a los posibles consumidores. Utiliza la forma afirmativa y negativa del imperativo.

 quedarse atrás | ahorrar
gastar | cambiar | comparar
tú

facilitar | viajar | decidirse
confiar | gastar
usted

COMPRENSIÓN DE LECTURA

A continuación, vas a leer un texto sobre el *neuromarketing*. Después, elige la opción correcta, *a, b* o *c*, para las preguntas, 1 a 6.

¿QUÉ ES EL *NEUROMARKETING*?

El *neuromarketing* es una ciencia que investiga cómo se comporta y actúa el cerebro en un proceso de compra. El objetivo principal de esta ciencia es estudiar las reacciones de nuestro cerebro ante una campaña publicitaria de un producto o frente a un estímulo relacionado con la publicidad. El *neuromarketing* se centra en tres aspectos importantes: la atención, la emoción y la memoria. Por lo tanto, la misión de un anuncio será la de captar la atención del consumidor, al mismo tiempo, le transmitirá emoción y finalmente, le presentará el producto en el momento adecuado que le hará recordarlo después de ver el anuncio.

Y ahora podemos hacernos algunas preguntas: ¿qué hace que realicemos una compra?, ¿quién toma la decisión final, nuestro cerebro o nuestras emociones? La respuesta es que los dos son importantes y afectan de manera directa a la compra. Muchas veces compramos cosas que necesitamos, otras, compramos cosas que no nos hacen falta, pero las marcas nos persuaden de la necesidad de comprarlas y ahí tenemos la importancia del *neuromarketing* en nuestros procesos de compra impulsivos.

Hay tres tipos de *neuromarketing*: el visual se basa en lo que percibimos a través de los ojos. Una de las técnicas más utilizada es el precio, es decir, poner un precio terminado en 0,99 €. Con esta técnica psicológica el consumidor piensa que el precio es más bajo de lo que realmente es. Si por ejemplo un producto vale 9,99 €, el consumidor no lo verá igual que si cuesta 10 euros y pensará que es más barato y lo comprará. El auditivo se basa en lo que escuchamos. Una determinada música en una tienda puede influir en la decisión de compra, la música no es factor decisivo, pero ayuda. El kinestésico se refiere a lo que percibimos con el tacto, el gusto y el olfato. Muchos supermercados huelen a pan recién hecho nada más entrar.

Para concluir, podemos decir que el cerebro recuerda un 1 % de lo que toca, un 2 % de lo que escucha, un 5 % de lo que ve, un 15 % de lo que degusta y un 30 % de lo que huele; por esa razón, las compras motivadas por las emociones son muy importantes, las empresas lo saben y hacen uso del *neuromarketing* como estrategia para aumentar sus ventas.

Adaptado de www.muyinteresante.es

PREGUNTAS

1 Según el texto, el objetivo del *neuromarketing* es...
  a. investigar los procesos de las compras.
  b. estudiar las reacciones del cerebro.
  c. estimular al cerebro para comprar.

2 Según el texto, el *neuromarketing* se basa en...
  a. estímulos personales.
  b. cuestiones diferentes.
  c. actuaciones científicas.

3 En el texto se informa de que hay tres clases de...
  a. consumidores.
  b. publicidad.
  c. *neuromarketing*.

4 El texto informa de que el precio psicológico...
  a. disminuye el precio del producto.
  b. no influye en el consumidor.
  c. aumenta las compras.

5 Según el texto, el *neuromarketing* kinestésico...
  a. está relacionado con los cinco sentidos.
  b. es el aspecto menos importante.
  c. hace referencia a sentidos humanos.

6 El texto informa de que las emociones son...
  a. decisivas en nuestras compras.
  b. una motivación del cerebro.
  c. una estrategia de las empresas.

COMPRENSIÓN AUDITIVA

A continuación, vas a escuchar seis anuncios publicitarios. Escucharás cada anuncio dos veces. Después, selecciona la opción correcta, *a, b* o *c,* para cada anuncio, 1 a 6.

ANUNCIOS

1 ¿Qué propone InfoPaís?

   a. un descuento si te inscribes ya.

   b. un taller de radio de tres meses.

   c. becas de estudio para quince personas.

2 ¿Qué es Wuiwui?

   a. un nuevo reloj inteligente.

   b. un ordenador para minimuñecas.

   c. una aplicación para miniordenadores.

3 ¿Qué necesita *El Verdadero*?

   a. un periodista joven para su blog.

   b. un escritor con dos años de experiencia.

   c. un redactor de contenidos con experiencia.

4 ¿Qué es Rocok?

   a. una tienda de electrodomésticos.

   b. una aplicación para cocinar.

   c. un electrodoméstico.

5 ¿Qué puedes hacer si vas a Velobick?

   a. ver y probar la bicicleta media hora.

   b. probar la bicicleta toda la tarde.

   c. alquilar la bicicleta treinta minutos.

6 ¿Qué puedes ver a las 20:00 en TeleCanal76?

   a. informativos y concursos de cultura.

   b. reportajes de contenido cultural.

   c. documentales actuales de animales.

UNIDAD 6   ¿CON QUÉ SUEÑAS? | SECUENCIA 1

1 BUENOS DESEOS

A. Siempre hay ocasiones en las que deseamos algo.

a. Observa y relaciona cada imagen con el deseo adecuado.

  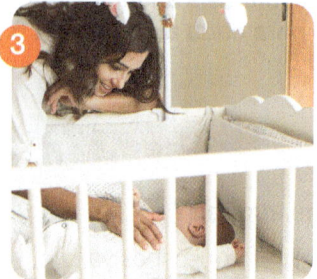 

a. ¡Que sueñes con los angelitos! ◯

b. ¡Que te sea leve! ◯

c. ¡Que aproveche! ◯

d. ¡Que cumplas muchos más! ◯

e. ¡Que tengas buen viaje! ◯

f. ¡Que te diviertas! ◯

g. ¡Que descanses! ◯

h. ¡Que no llueva! ◯

b. Ahora, formula buenos deseos o anima a estas personas según la situación.

....

....

2 SUEÑOS POR CUMPLIR

A. Lee las frases y subraya el verbo en presente de subjuntivo, después, escribe la persona y el infinitivo, como en el ejemplo.

a. Deseo que mi novia venga conmigo este verano a Malta. *3ª pers. sing. Infinitivo: venir.*
b. Ojalá mis mascotas vivan muchos años. ....
c. ¡Que recibas una buena noticia pronto! ....
d. Espero que compréis muchas cosas esta tarde. ....
e. ¡Que se recuperen pronto de su enfermedad! ....
f. Quiero que vayamos al teatro juntos. ....
g. Ojalá sepa pronto los resultados del análisis. ....

B. Completa las frases con el verbo en la forma adecuada.

a. Ojalá mi mejor amigo .... (conseguir) trabajo.
b. Deseo que mis alumnos .... (aprobar) el examen.
c. Quiero .... (ir) de vacaciones a Egipto.
d. Espero que mis amigos .... (viajar) conmigo este año.
e. ¡Que .... (tener, tú) un buen día!
f. Espero que el regalo................... (ser) ese.
g. ¡Que .... (disfrutar, tú) mucho en la excursión!
h. Deseo .... (tener) una mascota pronto.

C. En la revista *Ilusiones* varias personas nos cuentan con qué sueñan. Lee los textos y complétalos con las expresiones de deseo que conoces y el verbo en indicativo o subjuntivo. Hay varias opciones.

ILUSIONES

Ana y Sara
.... (cumplir) nuestro sueño el año próximo. .... (ir) de viaje a Chile durante dos meses y .... (ahorrar) mucho dinero este año para poder cumplirlo.

Micaela
Mi sueño no es para mí sino para mi pareja. .... (encontrar) trabajo aquí en Madrid y .... (no tener, nosotros) que cambiar de ciudad de residencia. .... (encontrar, él) estabilidad laboral.

Tomás
.... (cumplir) mi sueño. .... (ser) cantante. Canto bien y .... (llamar, ellos) para poder participar en la próxima edición de *La Voz*.

Juan y Paco
.... nuestro sueño .... (cumplirse). Es un sueño muy especial, ... (subir) en globo. .... (realizarlo) a finales de este año.

UNIDAD 6 ¿CON QUÉ SUEÑAS? | SECUENCIA 2

1 DECORANDO LA CASA

A. Observa las imágenes y escribe debajo el nombre de los objetos. Después clasifica el léxico en el lugar adecuado.

muebles	ropa de cama	objetos de decoración

B. ¿Qué sabes del *home staging*?

a. Lee el texto y elige la opción correcta para saber en qué consiste.

b. Después, indica si son verdaderas o falsas las afirmaciones que se hacen.

¿QUÉ ES EL *HOME STAGING*?

Ha llegado a España una nueva técnica/tendencia de moda estadounidense en la decoración/ilustración y el dibujo/diseño de viviendas llamada el *home staging*. Esta técnica tiene como finalidad utilizar todo el espacio disponible y ofrecer una impresión agradable/fría y acogedora de las habitaciones. El objetivo principal es mejorar, modificar y hacer desaparecer los puntos débiles de las casas/habitaciones y la mala decoración de las casas o pisos/garajes para poder venderse más rápidamente. Estas pequeñas reformas/revisiones son bastante baratas. Los cambios y las modificaciones no se hacen pensando en el propietario de la vivienda, sino en el comprador, por lo que el trabajo/estilo y los cambios deben ser neutros/coloridos y adaptarse a todo tipo de personas.

El *home staging*...   V   F

a. es solo una tendencia de decoración.   ☐ ☐
b. da importancia a la creación de nuevos espacios.   ☐ ☐
c. tiene como principal objetivo la venta.   ☐ ☐
d. es una tendencia no muy cara.   ☐ ☐

2 ¿ME HACES UNA RECOMENDACIÓN?

A. Simón comenta en su blog uno de sus problemas. Algunos amigos le han hecho diferentes recomendaciones.

a. Lee los textos, subraya las recomendaciones de sus amigos y completa la información.

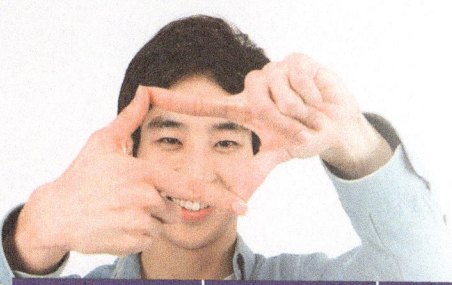

SIMÓN

Soy un chico muy tímido y tengo problemas para relacionarme con las personas. Para mí es muy difícil hablar con gente que no conozco porque me pongo muy nervioso, me pongo rojo y no sé que decir.

| MI BLOG | ENTRADAS | ARCHIVO | BLOGS QUE SIGO | COLABORACIONES | CONTACTO |

Moisés

No te preocupes, Simón, todo tiene solución. Es fundamental que consultes a un especialista y es bueno que pidas cita lo antes posible. Es mejor ir a un especialista recomendado por una persona, yo he ido a uno muy bueno. Llama a este número y di que vas de mi parte: 678696769.

Lara

Simón, tú tranquilo, puedo ayudarte en tu problema. En tu caso es aconsejable que hagas deporte, pero es importante practicar un deporte de equipo para estar en contacto con un grupo de personas y hablar con ellos. ¿Te gusta el fútbol? Inscríbete en mi club y verás los cambios.

Ulises y Arturo

Nosotros entendemos tu situación porque hemos pasado por lo mismo. Es recomendable que vengas a nuestro grupo de teatro. Todos son muy simpáticos y esto te va a ayudar a socializar. Es mejor inscribirse pronto, porque luego no quedan plazas. Ven porque te va a encantar.

recomendación personal	recomendación general	imperativo

b. Ahora, escribe tú una recomendación para Simón.

....

B. Observa el ejemplo y escribe recomendaciones personales, generales y con imperativo según el contexto.

a. *Es importante que elijas* (elegir, tú) una buena decoración.

b. .... (utilizar, usted) siempre tejidos de algodón en su ropa de cama.

c. .... (acostarse) temprano y dormir ocho horas diarias.

d. .... (abrir) las ventanas de la casa quince minutos al día.

e. .... (no tener, vosotros) demasiadas cosas en las habitaciones.

f. .... (llevar, tú) vida saludable en todos los sentidos.

UNIDAD 6 · ¿CON QUÉ SUEÑAS? | SECUENCIA 3

1 ¡NO PODEMOS DESCANSAR!

A. Unos lectores del blog *Noches en vela* explican los problemas que tienen para descansar.

a. Léelos y relaciona cada problema con uno de estos motivos.

a. marido ☐   b. profesión ☐   c. vecinos ☐   d. hijo ☐   e. restaurantes ☐   f. ordenador ☐

PROBLEMAS PARA DESCANSAR

Noches en vela

1. «Blas nació hace un mes y desde este día no duermo mucho. Se despierta llorando dos o tres veces por la noche y me tengo que levantar para darle de comer o calmarlo. Solo duermo cuatro horas cada noche y es muy poco, por lo que durante el día estoy bastante cansada. Necesito descansar más, pero Blas es aún muy pequeño y no duerme más de tres horas seguidas».
— Raquel

2. «Adrián y yo estamos casados desde hace cinco años, y las noches son una pesadilla porque ronca* muchísimo. Si se acuesta antes que yo, empieza a roncar, y yo ya no duermo en toda la noche y tengo que dormir en el sillón, pero se escuchan los ronquidos* en todo el piso. Intento acostarme antes que él o al mismo tiempo, pero no puedo hacer eso siempre».
— Ruth

* Roncar: hacer ruidos fuertes cuando estás durmiendo.
* Ronquidos: ruidos producidos al dormir.

3. «Mi pareja y yo vivimos en un primer piso en una zona de la ciudad en la que hay muchos establecimientos para cenar. El ruido por las noches los fines de semana es insoportable. Hasta las dos de la mañana hay gente que sale de cenar y se pone en la puerta a hablar a gritos. Hemos avisado varias veces a la policía, y todos los vecinos de la calle estamos hartos de esta situación».
— Bruno

4. «Hace cuatro meses que estoy desesperado. Vivo en un sexto piso y mis vecinos del séptimo son cuatro estudiantes universitarios que hacen fiestas con sus amigos todos los viernes y sábados. La música la ponen muy fuerte y gritan mucho, y con tanto ruido no puedo dormir. He subido ya a hablar con ellos más de diez veces, pero la situación continúa».
— Mateo

b. Vuelve a leer los textos y marca a quién se refieren las preguntas.

	Raquel	Ruth	Bruno	Mateo
a. ¿Quiénes escuchan mucho ruido?	○	○	○	○
b. ¿Quién está agotada por no dormir mucho?	○	○	○	○
c. ¿Quién se va a dormir antes que su pareja?	○	○	○	○
d. ¿Quiénes tienen problemas los fines de semana?	○	○	○	○
e. ¿Quiénes duermen menos de 7 horas al día?	○	○	○	○

c. Escribe frases explicando qué crees que necesitan y qué quieren las personas del ejercicio A.

Raquel: ....
Ruth: ....
Bruno: ....
Mateo: ....

48 | cuarenta y ocho

2 TODOS PEDIMOS ALGO

A. Completa las frases con la petición o necesidad más adecuadas, después, clasifica cada una en su lugar.

a. .... (necesitar, nosotros) más zonas verdes en nuestro barrio.

b. Los vecinos .... (exigir) una línea de autobuses nocturna.

c. .... (reclamar, yo) más aparcamientos gratis en el centro de la ciudad.

d. Nosotros .... (construir, el alcalde) carriles bici.

e. Todos .... (participar) en los talleres gastronómicos.

f. Sergio .... (vigilar, la policía) las zonas conflictivas.

frase con sujeto + verbo + sustantivo	frase con sujeto + infinitivo	dos frases con dos sujetos diferentes + que + presente de subjuntivo

B. Estas son las peticiones de Úrsula. Léelas y complétalas utilizando la siguiente información.

pedir (P) | exigir (E) | reclamar (R) | querer (Q) | necesitar (N)

A mis alumnos	A mi hijo	A mi jefa
prestar ✓ | participar traer | escuchar | respetar	salir | comportarse tener | comer | estudiar	organizar | trabajar tener | obtener | ser
A mis alumnos siempre les *pido* (P) que *presten* atención y .... en clase. A veces hablan dos al mismo tiempo, y les .... (E) que .... los turnos de palabra para poder aprender mejor. .... (Q) que .... todos y les .... (E) que .... los ejercicios hechos cada semana.	Con mi hijo Héctor, en algunas ocasiones, soy un poco estricta. Le .... (E) .... buenas notas y le .... (P) que .... bien en casa y en el instituto. .... (Q) que no .... tanto los fines de semana y le .... (R) que .... más. (N) .... más sano.	A mi jefa le .... (P) que .... más empática. .... (N) .... con horarios más flexibles, y le .... (E) que .... mejor el equipo y le .... (P) que .... en cuenta el nivel de los alumnos para hacer los grupos. Siempre le .... (R) .... una subida de sueldo.

C. Ahora, escribe tú tus peticiones o necesidades sobre estos temas.

a. ....
b. ....
c. ....
d. ....
e. ....
f. ....

a. A la vida
b. A tu profesor
c. A tu mascota
d. A tus amigos
e. A los políticos
f. A tu familia

YO

UNIDAD 6 | EXAMEN DELE

COMPRENSIÓN DE LECTURA

A continuación, vas a leer el correo que Mar le escribe a su amigo Ernesto. Elige la opción correcta, *a, b* o *c,* para completar los huecos, 1 a 6.

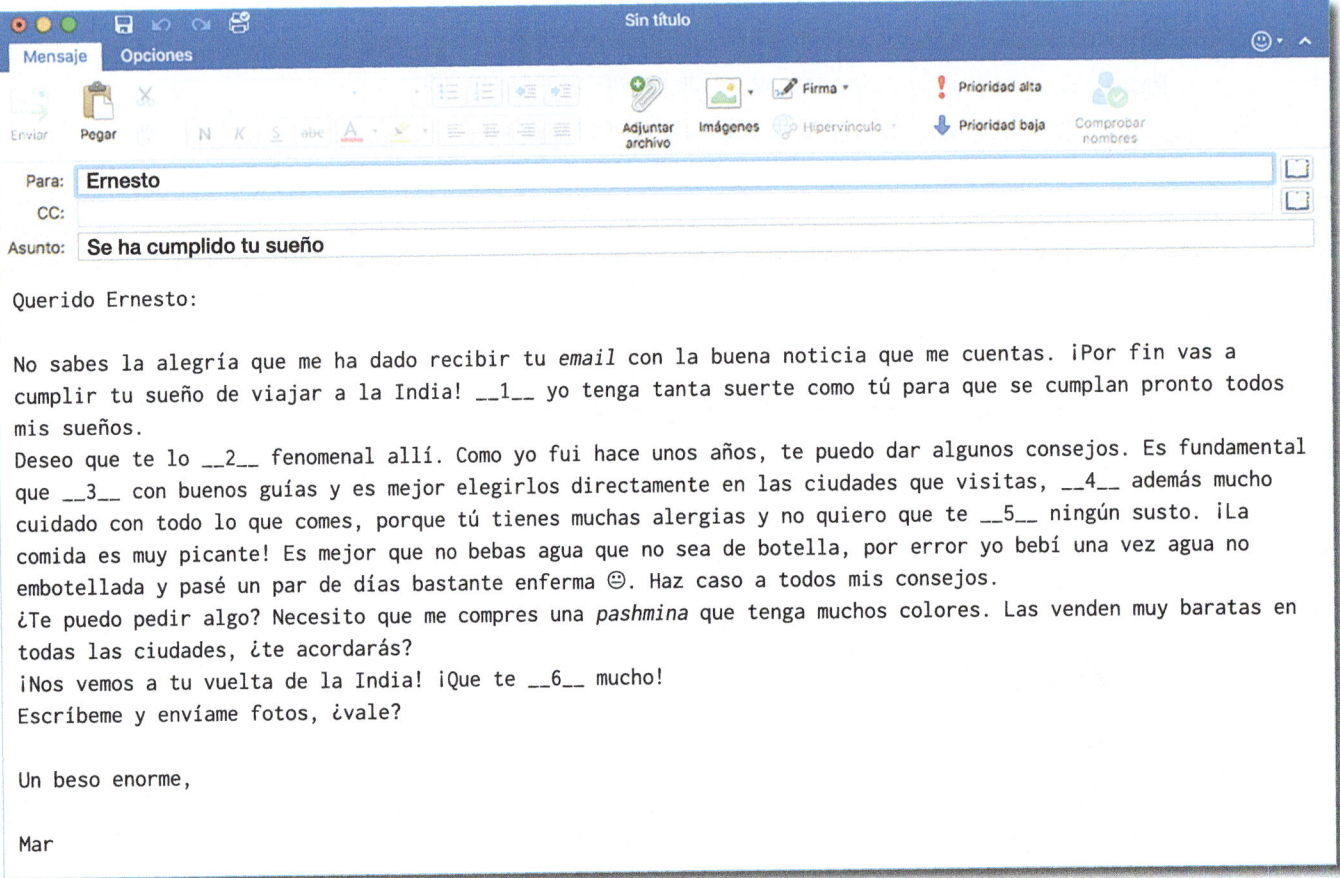

Para: Ernesto
CC:
Asunto: Se ha cumplido tu sueño

Querido Ernesto:

No sabes la alegría que me ha dado recibir tu *email* con la buena noticia que me cuentas. ¡Por fin vas a cumplir tu sueño de viajar a la India! __1__ yo tenga tanta suerte como tú para que se cumplan pronto todos mis sueños.

Deseo que te lo __2__ fenomenal allí. Como yo fui hace unos años, te puedo dar algunos consejos. Es fundamental que __3__ con buenos guías y es mejor elegirlos directamente en las ciudades que visitas, __4__ además mucho cuidado con todo lo que comes, porque tú tienes muchas alergias y no quiero que te __5__ ningún susto. ¡La comida es muy picante! Es mejor que no bebas agua que no sea de botella, por error yo bebí una vez agua no embotellada y pasé un par de días bastante enferma ☺. Haz caso a todos mis consejos.

¿Te puedo pedir algo? Necesito que me compres una *pashmina* que tenga muchos colores. Las venden muy baratas en todas las ciudades, ¿te acordarás?

¡Nos vemos a tu vuelta de la India! ¡Que te __6__ mucho!
Escríbeme y envíame fotos, ¿vale?

Un beso enorme,

Mar

OPCIONES

1. a. Ojalá — b. Deseo — c. Espero
2. a. pasa — b. pases — c. pasas
3. a. ir — b. vayas — c. vaya
4. a. tener — b. tenga — c. ten
5. a. lleves — b. llevas — c. lleve
6. a. disfrutes — b. pases bien — c. diviertas

COMPRENSIÓN AUDITIVA

A continuación, vas a escuchar un fragmento de un programa que habla del sueño. Escucharás el fragmento dos veces. Después, selecciona la opción correcta, *a, b o c*, para cada pregunta, 1 a 6.

PREGUNTAS

1 Según el audio, la resaca del sueño es…

a. la consecuencia de dormir en el sofá.

b. despertarse los fines de semana cansado.

c. un estado de cansancio y dolor en el cuerpo.

2 Según la grabación, la resaca del sueño afecta a…

a. nuestras funciones del sueño.

b. la cabeza, los brazos, las piernas y los ojos.

c. todos los ritmos circadianos.

3 Sobre los ritmos circadianos se informa de que son el…

a. regulador del sueño.

b. informador de ciclos regulares.

c. reloj del cuerpo humano.

4 Según el audio, podemos levantarnos muy cansados cuando…

a. hemos dormido más de lo habitual.

b. hemos dormido solo ocho horas.

c. no hemos dormido lo suficiente.

5 En la audición se informa de que hay…

a. más de cinco ciclos de sueño de una hora y media cada uno.

b. relación entre las horas de sueño y los años de las personas.

c. que dormir dos siestas al día de media hora cada una.

6 Según la grabación, algunos alimentos…

a. afectan directamente a la calidad del sueño.

b. están relacionados con las horas de sueño.

c. pueden ayudarnos a dormir mejor.

UNIDAD 7 ¿ESTUDIAS Y TRABAJAS? | SECUENCIA 1

1 ANTES SOLÍA...

A. Lee lo que explican estas personas sobre algunas costumbres que han cambiado y completa con el verbo *soler* en el tiempo adecuado.

Antes, en casa no teníamos teléfono y para llamar, la gente .... ir a las cabinas telefónicas. .... (nosotros) esperar bastante porque siempre había una persona hablando cuando llegábamos. Las cabinas ya han desaparecido, pero todavía, en algunos pueblos .... (yo) verlas, aunque no funcionan. Hoy en día casi todos tenemos móvil y .... llamar y hacer videoconferencias con familiares y amigos.

Cuando era más joven, ... (yo) ir a la biblioteca con mis compañeros de clase para consultar libros y .... (nosotros) hacer los trabajos juntos allí. Actualmente, todos .... consultar mucha información en Internet y .... ir a las bibliotecas para preparar exámenes. Yo, personalmente, ... acercarme para tomar libros prestados y asistir a alguna conferencia o charla.

B. Lee las frases y selecciona el tiempo verbal adecuado según el contexto.

a. Antes, nosotros *solemos/solíamos* ir de fiesta todos los fines de semana.

b. Ahora, mis padres y mi hermano *suelen/solían* comer juntos los domingos.

c. Hace unos años, yo *suelo/solía* hacer deporte a diario.

d. Actualmente, Virginia *solía/suele* hace dos viajes al extranjero al año.

e. Hoy en día, los jóvenes *suelen/solían* pertenecer a varias redes sociales.

f. Antes, tú *sueles/solías* quedar con tus amigos después de clase.

C. Observa las imágenes y escribe un breve texto explicando cómo ha cambiado la vida de Itziar.

Antes / Ahora

Antes solía ....
....
....
....

2 TODO CAMBIA

A. Las siguientes frases expesan opiniones, certeza o falta de ella y valoraciones.

   a. Léelas y relaciona cada una con su uso.

   b. ¿Cuándo van con infinitivo, con indicativo y con subjuntivo?

   a. Es evidente que la tecnología ha avanzado mucho.
   b. Me parece absurdo decir eso.
   c. No está demostrado que sea perjudicial.
   d. Es triste que no vengas con nosotros de vacaciones.
   e. No pienso que debamos cambiar de opinión.
   f. No creo que vaya a tu casa mañana.
   g. Es decepcionante tu actitud con Gabriel.
   h. Está claro que es una situación difícil.
   i. Pienso que es una fantástica oportunidad.

   1. expresar opinión
   2. expresar certeza o falta de certeza
   3. valorar

B. Lee estas opiniones de un blog y escribe los verbos en el tiempo y modo adecuados.

ENTRADAS | CONTACTO | IMÁGENES | SOBRE MÍ

OliV34. _____

Es evidente que algo horrible .... (estar) pasando a nivel climático estos últimos años. Es increíble que .... (haber) tantas inundaciones, incendios, terremotos. Es verdad que cada año las temperaturas .... (subir) y hace más calor en verano, pero también en otoño e invierno. A mí me parece normal que los gobiernos .... (tomar) medias y creo que entre todos .... (poder) intentar mejorar la situación ☺.

Carocaracola. _____

Es verdad que las redes sociales .... (cambiar) nuestra forma de comunicarnos. Pienso que ahora .... (tener) contacto más directo y rápido con muchas personas, pero no creo que nuestras relaciones .... (ser) de mejor calidad que antes, además, pienso que .... (ser) bastante superficiales. Es absurdo que .... (acumular) contactos de personas que casi no conocemos y está claro que .... (perder) mucho tiempo mirando sus fotos y muros.

C. Reacciona dando tu opinión y valoración sobre cada una de estas afirmaciones.

   a. El teléfono móvil es más útil que ir a una biblioteca.
   b. Los jóvenes utilizan demasiado el móvil.
   c. Las asignaturas científicas son más interesantes que las literarias.

   a. *No es cierto que los teléfonos sean más útiles que ir a una biblioteca. Pienso* ....

   b. ....

   c. ....

cincuenta y tres | **53**

UNIDAD 7 ¿ESTUDIAS Y TRABAJAS? | SECUENCIA 2

1 COMPETENCIAS PROFESIONALES

A. ¿Qué competencias profesionales crees que son más importantes? Infórmate sobre las que más se valoran actualmente. Relaciona las columnas.

¿Eres un buen profesional?

Las competencias profesionales son las capacidades que tienen los trabajadores para utilizar sus conocimientos y habilidades en el trabajo y que sirven para valorar a los trabajadores. Hay tantas competencias como empleados y cada uno destaca por tener una o varias. ¿Qué competencias profesionales se valoran más ahora?

a. Adaptarse
b. Gestionar el estrés
c. Comunicar
d. Interactuar
e. Organizar
f. Innovar
g. Analizar
h. Trabajar en equipo
i. Dirigir
j. Especializarse

es la capacidad para

1. desarrollar relaciones con otros.
2. ofrecer creatividad y originalidad.
3. empatizar con los demás y ofrecer colaboración.
4. trabajar con un alto nivel de presión y responsabilidad.
5. focalizarse en detalles y procedimientos.
6. coordinar y estructurar actividades.
7. integrar a otros para desarrollarse en un trabajo.
8. aceptar cambios de forma positiva.
9. entender de forma profunda la información.
10. transmitir información de manera eficaz y expresar opiniones con seguridad y confianza.

B. Lee lo que opinan estas personas sobre su profesión y completa con uno de los siguientes términos. Después, relaciona cada frase con la imagen correspondiente.

negociar | globoflexia | reírse | nadar | empatía | persuasión | cariño | extranjeras

1. Saber .... y tener conocimientos de lenguas .... son competencias obligatorias para esta profesión. La paciencia y el don de gentes son muy necesarios también.

2. Tener .... y .... a los seres vivos es la competencia más importante para dedicarse a esta profesión, además también es necesario tener una buena formación y experiencia.

3. La competencia principal es saber .... de sí mismo y con los demás, también es importante tener un buen contacto con los niños y dominar la ....

4. Saber .... y tener una gran capacidad de .... son dos competencias muy importantes. La capacidad para argumentar también es muy valorada.

2 SÉ HACER Y LO CAMBIO POR...

A. En la página web *Cambiopor* hay diferentes anuncios con propuestas curiosas.

   a. Léelos, subraya las frases que expresan conocimiento, habilidad y gustos, y después, completa la tabla con dos ejemplos en cada lugar.

Erin (a)
- ☺ Tengo una casa con un huerto, pero no sé nada de plantas. ¿Quién puede ayudarme?
- ☺ Soy irlandesa, me gusta enseñar y lo hago bien.

Olga (b)
- ☺ Sé bastante de cocina y soy un genio haciendo tartas y pasteles. ¿Alguien interesado en la repostería?
- ☺ Me gusta tocar el saxofón, pero lo hago regular.

Raúl (c)
- ☺ No sé mucho de dibujo y me gustaría aprender.
- ☺ Canto en un grupo y soy bastante bueno enseñando canto. ¿Alguna persona quiere aprender a cantar?

Marcos (d)
- ☺ Soy muy bueno en solfeo y soy un genio tocando instrumentos. ¿Alguien está interesado?
- ☺ Sé algo de inglés, pero no mucho.

Nadia (e)
- ☺ Cocinar es mi pasión, pero no sé hacer postres.
- ☺ Me gusta dibujar cómics y lo hago muy bien. ¿Quieres aprender?

Leo (f)
- ☺ Me gustan mucho las plantas y soy bueno decorando jardines.
- ☹ Soy un desastre cantando, pero me encanta. ¿Quién me quiere enseñar?

expresar conocimiento	expresar habilidad	expresar gustos

   b. ¿Quién ayuda a quién? Vuelve a leer los anuncios y relaciona a las personas.

   a. Erin   1. Leo
   b. Olga   2. Marcos
   c. Raúl   3. Nadia

B. Observa las imágenes y escribe un breve texto expresando el conocimiento y las habilidades de Celia.

☺☺ genio | ☺ bueno | 😐 malo | ☹ desastre

Celia es muy buena conduciendo ....
....
....

UNIDAD 7 ¿ESTUDIAS Y TRABAJAS? | SECUENCIA 3

1 REQUISITOS PARA EL PUESTO

A. En los anuncios de ofertas de empleo aparecen los siguientes términos. Relaciona las columnas para formar expresiones adecuadas.

a. formación
b. jornada laboral
c. oferta
d. horario
e. posibilidad
f. prueba
g. firmar
h. becario
i. publicar

1. flexible
2. de selección
3. un contrato/convenio
4. en prácticas
5. de empleo
6. un anuncio
7. a cargo de la empresa
8. de promoción
9. continua

B. Aquí tienes el CV de Emma.

a. Lee y completa el nombre de cada apartado con la información de *a*.

b. Después, escribe los términos de *b* en el apartado adecuado.

- Experiencia profesional
- Conocimientos lingüísticos e informáticos
- Datos personales
- Otros datos de interés
- Formación académica

1. Contabilidad
2. senderismo
3. Informática
4. Doble Grado
5. Alemán
6. bufete
7. C/ del Pez
8. vehículo
9. Carné de conducir
10. Bachillerato

c. Sigue el modelo de currículum de Emma y redacta el tuyo.

1. ....

Emma Ramos Erre

📍 ...., 15 7.º A
28004 Madrid
📞 625426336
@ emma.ramos-erre@gmail.com

4. ....

Inglés: TOEIC (950) C1.
Francés: DELF B2.
................: A2.
Conocimientos avanzados de Windows y de ....

2. ....

2018-2020 Máster en Dirección de Empresas, *Marketing* y .... Universidad Complutense de Madrid.

2014-2018 .... en Derecho y Administración y Dirección de Empresas. Universidad Autónoma de Madrid.

2012-2014 .... Ciencias y Tecnología. Instituto Beatriz Galindo, Madrid.

5. ....

Lectura, cine, escalada, ... y natación.
.... y
.... propio.
Disponibilidad inmediata.

3. ....

2019 Prácticas en Watermelon Marketing, Madrid.
2018 Prácticas en Mahou S. A., Madrid.
2016 Prácticas en el .... Barrena Abogados, Madrid.

C. Aquí tienes diferentes requisitos que suelen aparecer en las ofertas de empleo. Relaciona cada uno con el tipo de requisito que es.

a. Es exclusivo para los recién graduados.
b. Se tiene que enviar un *curriculum vitae* actualizado.
c. Es recomendable tener un nivel de inglés C1.
d. Se valorará la experiencia en el sector.
e. Únicamente, pasarán a la entrevista los candidatos seleccionados.
f. Es conveniente enviar el currículum por correo electrónico.
g. Es imprescindible que esté en posesión de un máster oficial.

1. indispensable
2. recomendable

D. Lee las siguientes ofertas de trabajo publicadas en *Gestión Laboral,* una web especializada.

a. Completa los espacios en rojo con las palabras que te damos.
b. Escribe expresiones adecuadas para hablar de requisitos indispensables (I) y recomendables (R). Hay varias posibilidades.

Gestión Laboral
MADRID ▼ ESPAÑOL INGLÉS   ✉ SUSCRÍBETE   👤 MI CUENTA 🔍
BUSCAR EMPLEO   FORMACIÓN   CONSEJOS   IMPULSA TU CARRERA   OFERTAS

---

puesto | flexible | candidatura | presentación | incorporación | recomendación | responsable del departamento

Lazos

Nueva empresa de moda en Málaga necesita incorporar un ……………… de RR. HH. ……………… (R) experiencia de cinco años mínimo en ……………… similar. Este anuncio ……………… (I) para personas con conocimientos de italiano y francés. ……………… (R) enviar CV, una carta de ……………… y dos cartas de ……………… de anteriores trabajos.

……………… (I) deben enviar su ……………… aquellas personas que cumplan todos los requisitos. ……………… (I) que enviar toda la documentación antes del 8 de mayo.

Se ofrece: ……………… inmediata, formación a cargo de la empresa y jornada laboral ……………… y adaptada a las necesidades del empleado y de la empresa.

---

promoción | partida | entrevista | jornada | jefe de equipo | candidato | experiencia

PinPin

PinPin, empresa líder en el sector de la restauración rápida, busca incorporar un ……………… para su nuevo restaurante de Soria.

……………… (I) tener experiencia en la gestión de equipos de trabajo y capacidad para dirigir. ……………… (R) ……………… en trabajos similares.

……………… (R) que el ……………… tenga don de gentes, personalidad y facilidad para comunicar.

……………… (I) se aceptarán las candidaturas recibidas antes del 17 de febrero. ……………… (R) estar disponible para una ……………… durante el mes de marzo.

Se ofrece: posibilidad de ……………… y ……………… laboral flexible (completa o ………………).

COMPRENSIÓN DE LECTURA

A continuación, vas a leer un texto sobre los teléfonos inteligentes. Después, elige la opción correcta, *a, b* o *c*, para las preguntas, 1 a 6.

TECNOLOGÍA 05

Los *smartphones* revolucionan nuestras vidas

COMUNICACIÓN

En la última década los teléfonos inteligentes han revolucionado nuestra forma de vivir. Con ellos es posible llamar por teléfono, enviar correos electrónicos, redactar mensajes de texto, reservar taxis, pedir comida a domicilio, navegar por Internet, seguir las noticias, ver películas, escuchar música, hacer fotos y participar en una multitud de redes sociales.

Es indiscutible que esta la tecnología ha aportado muchos beneficios a la sociedad, pero, al mismo tiempo, estos beneficios pueden tener consecuencias negativas (tanto físicas como sociales) para cada uno de nosotros. La constante conexión y el acceso a la información que proporcionan los teléfonos inteligentes han convertido los dispositivos en una especie de droga para cientos de millones de usuarios y las consecuencias son que solemos pasar más tiempo en un mundo virtual que en un mundo real.

El poder que tienen sobre nosotros estos aparatos se puede observar en nuestros hábitos y comportamientos cotidianos. Mantenemos el *smartphone* a nuestro lado y solemos consultarlo en muchísimas ocasiones y de forma compulsiva a todas horas. En los lugares públicos, aeropuertos, centros comerciales, pasos de cebra, jardines, transportes públicos, la imagen más habitual suele ser ver a muchas personas con la cabeza baja mirando con atención sus teléfonos.

Si ves a alguien en una cafetería mirando por la ventana, es poco probable que esté disfrutando de un momento de tranquilidad, lo más seguro es que su dispositivo no tenga batería en ese momento. Actualmente, el tiempo que solíamos dedicar a nuestras relaciones personales en la vida real lo dedicamos a mantener relaciones virtuales. Estudios recientes muestran que las personas que están haciendo alguna actividad y tienen cerca un teléfono móvil reducen su capacidad de atención y no se concentran completamente en las tareas que realizan.

Al mismo tiempo, este uso descontrolado del teléfono puede tener efectos adversos en las interacciones sociales en el mundo real. Los estudios demuestran que los que comen en familia o con amigos y tienen el móvil cerca están distraídos durante la conversación y disfrutan menos de la compañía. La razón de que sea tan difícil dejar el teléfono móvil incluso a la hora de comer es difícil de comprender. Saber vivir con tecnología, pero que esta no controle nuestra vida, podrá ser uno de los mayores retos a los que el ser humano se enfrenta en la era digital. De la misma manera que hay formas útiles y perjudiciales de navegar en el mundo *offline* las hay en el digital, lo importante es marcar límites entre ambos y respetarlos.

Adaptado de www.nationalgeographic.es

PREGUNTAS

1 Según el texto, con un *smartphone* podemos…
a. mandar *emails*.
b. visionar series.
c. hacer películas.

2 Sobre el uso de los *smartphones* el texto afirma que…
a. hay cosas discutibles.
b. hay pros y contras.
c. solo hay cosas positivas.

3 Según el texto, el *smartphone* es…
a. la consecuencia del mundo virtual.
b. una constante informativa.
c. una clase de adicción general.

4 El texto informa de que usamos el *smartphone*…
a. solo en lugares públicos.
b. prácticamente todo el día.
c. en situaciones concretas.

5 Según el texto, usar teléfonos inteligentes afecta a…
a. nuestras relaciones sociales.
b. nuestra comprensión familiar.
c. nuestro control del mundo real.

6 El texto informa de que tenemos que…
a. controlar el uso de la tecnología.
b. navegar de forma conveniente.
c. establecer fronteras digitales.

COMPRENSIÓN AUDITIVA

A continuación, vas a escuchar un fragmento de un programa sobre los *casting* laborales. Escucharás el fragmento dos veces. Después, selecciona la opción correcta, *a, b* o *c*, para cada pregunta, 1 a 6.

PREGUNTAS

1 El audio informa de que la entrevista de trabajo es un...

   a. proceso opcional de selección.

   b. mecanismo de trabajo.

   c. instrumento antiguo de selección.

2 Según la grabación, el *casting* laboral es una...

   a. alternativa de selección de personal.

   b. competición de audiciones.

   c. audición de candidatos al concurso.

3 Según el audio, la entrevista de trabajo no tiene...

   a. una utilidad parcial.

   b. deficiencias personales.

   c. eficacia completa.

4 Sobre el fracaso al contratar a alguien, se informa de que hay que...

   a. reducir la contratación de candidatos.

   b. utilizar nuevas formas de entrevistas.

   c. usar situaciones de presión o estrés.

5 El audio informa de que los valores del candidato se pueden ver...

   a. en situaciones de impresión.

   b. por medio de métodos normales.

   c. a través de procedimientos sorprendentes.

6 Según la grabación, la entrevista de trabajo...

   a. se utilizará, pero solo con candidatos experimentados.

   b. desaparecerá porque no es suficientemente eficaz.

   c. seguirá existiendo junto a nuevas formas de selección.

UNIDAD 8 ¿CUIDAS EL MEDIOAMBIENTE? | SECUENCIA 1

1 CAMBIOS EN LA TIERRA

A. Los siguientes problemas están relacionados con el medioambiente. Relaciona cada uno con su definición.

- a. cambio climático
- b. contaminación
- c. deforestación
- d. degradación del suelo
- e. escasez de agua
- f. extinción de especies
- g. residuos tóxicos
- h. sobrepesca
- i. efecto invernadero
- j. lluvia ácida

1. desaparición de animales y vegetales.
2. proceso degenerativo de la superficie terrestre.
3. captura de especies marinas.
4. desechos peligrosos para la salud de los seres humanos y animales.
5. calentamiento de la tierra debido a gases contaminantes.
6. variación del clima causada por la acción del hombre.
7. sustancias perjudiciales en el medioambiente.
8. agua de lluvia con sustancias contaminantes.
9. destrucción de los bosques.
10. falta de recursos hídricos o acuáticos.

B. Javier Muñoz, especialista en cambio climático, habla para la revista *Futuro climático*.

a. Lee la entrevista y complétala con los fragmentos correspondientes. Después, selecciona la palabra correcta.

a. y si usamos transportes sostenibles y compramos productos de proximidad, estaremos ayudando ya mucho.
b. Es cierto que la situación es bastante complicada, pero las mejores soluciones
c. deberán cambiar el modelo económico para hacerlo más **sostenible/insostenible** y menos consumista de lo que es.
d. Los **ríos/glaciares** se están derritiendo y el nivel del mar está aumentando.
e. las **tormentas/lluvias** son más fuertes, hay más **sequías/inundaciones** debido a este calentamiento.

---

14 | **Futuro climático** | **15**

Javier Muñoz

Reducción y adaptación

E: Señor Muñoz, usted, que es especialista en cambio climático, nos podría explicar cómo es la situación actual y qué está pasando con el clima.

J. M.: Bueno, sabemos que ya desde los años 80 y 90 el clima empieza a dar señales de que está cambiando: las **olas/estaciones** de calor son más frecuente e intensas, ...
....

E: ¿Y cuál es el mayor impacto del cambio climático?
J. M.: La manifestación más visible es el **calentamiento/contaminación** global, que tiene impacto tanto en **el planeta/la biosfera**, como en el mundo vegetal y animal. ....
.... Todos estos fenómenos ya están produciendo graves problemas.

E: ¿Qué responsabilidad tienen los gobiernos?
J. M.: Bastante, cuando los gobiernos sean conscientes de su responsabilidad, ...
....
....

E: ¿Y nosotros podemos hacer algo para ayudar?
J. M.: Por supuesto, cada uno puede hacer mucho para reducir su **energía/impacto** sobre el medioambiente, por ejemplo, si reducimos el excesivo consumo energético, si apagamos la luz, si disminuimos el **ahorro/consumo** de agua ....
....

E: ¿Es demasiado tarde para actuar y cambiar la situación?
J. M.: No, no, en absoluto. Si queremos ayudar, ayudemos ya, ¡todavía estamos a tiempo! ....
.... se resumen en dos palabras: reducción y adaptación. Si encontramos nuevas energías alternativas y **renovables/sucias**, reduciremos las **emisiones/difusiones** contaminantes y cuando nos adaptemos a las nuevas condiciones, soportaremos mejor las **temperaturas/calorías**, que aumentarán mucho durante las próximas décadas.

E: Esperamos que todo mejore pronto. Muchas gracias, Javier.

b. Vuelve a leer la entrevista y marca verdadero o falso.

	V	F
a. Ahora hay fenómenos climatológicos devastadores.	☐	☐
b. Los impactos del calentamiento afectan a la fauna y a la flora.	☐	☐
c. Sin acciones sostenibles, el ser humano puede ayudar al medioambiente.	☐	☐
d. La clave está en mantener el modelo económico actual.	☐	☐
e. Adaptarse y habituarse son dos soluciones para mejorar la situación.	☐	☐

c. Ahora, localiza en la entrevista las frases con *si* y *cuando* para hablar de futuro y completa la información.

hipótesis con consecuencias en el futuro	hipótesis para dar un consejo o una recomendación	consecuencia en un momento del futuro

2 SI NO HACEMOS ALGO...

A. Relaciona cada una de estas frases con su significado.

a. Si estás cansado de la situación, cámbiala.
b. Cuando no estés de acuerdo, manifiéstate.
c. Si llueve mucho, habrá inundaciones.

1. hipótesis con consecuencias en el futuro
2. hipótesis para dar un consejo o una recomendación
3. consecuencia en un momento del futuro

B. Lee y completa estas frases con el verbo en la forma adecuada según las indicaciones.

(1) hipótesis con consecuencia en el futuro | (2) hipótesis para dar un consejo | (3) consecuencia en un momento del futuro

a. Si gastamos los recursos naturales, el ser humano no .... (poder) sobrevivir. (1)
b. Cuando seamos conscientes de la gravedad del problema, ... (cambiar). (3)
c. Si quieres reducir la contaminación, ... (utilizar) menos el coche. (2)
d. Cuando dejemos de ser egoístas, ... (cambiar) la situación. (3)
e. Si sigue haciendo calor, ... (continuar) los incendios. (1)
f. Cuando las leyes sean más duras, ... (respetar) el medioambiente. (3)
g. Si eres una persona comprometida, ... (ayudar) a salvar el planeta. (2)
h. Si tienes conciencia ecológica, ... (manifestarse) el 24 de octubre. (2)

C. Observa las imágenes y escribe una frase para cada situación expresando hipótesis en el futuro, como en el ejemplo.

a. (tú, plantar un árbol) *Si quieres luchar contra la deforestación, planta un árbol.*
b. (tú, gastar agua) ....
c. (nosotros, utilizar el coche) ....
d. (nosotros, contaminar los mares) ....

UNIDAD 8 | ¿CUIDAS EL MEDIOAMBIENTE? | SECUENCIA 2

1 ¿CÓMO PUEDO AYUDAR?

A. Varias personas han decidido llevar a cabo algunas acciones ecológicas para ayudar al medioambiente.

a. Lee lo que proponen y subraya las estructuras para expresar finalidad.

Roberto

He decidido, *para evitar el sufrimiento animal*, no comprar más productos fabricados con piel. La compra de abrigos, bolsos y zapatos hechos con animales provoca el sufrimiento y la extinción de algunas especies. Ahora, toda la ropa que tengo está fabricada con materiales naturales, alternativos o de origen sintético.

Rocío

Para respetar el medioambiente, es necesario evitar el uso de productos contaminantes. He descubierto que los huertos ecológicos tienen esta característica; además, ahora, esta práctica es una terapia medicinal llamada terapia hortícola, muy útil para tener una mejor concentración, motivación y autoestima.

Roger

Para evitar las injusticias me he convertido en un activista medioambiental como Greta Thunberg. Los gobiernos no hacen nada para cambiar la situación. Yo me ocupo de escribir cartas, preparar manifestaciones para pedir cambios en el tipo de energías utilizadas y exigir medidas para mejorar el reciclaje.

b. Escribe, ahora, las frases que has subrayado y transfórmalas con *para que* + subjuntivo, como en el ejemplo.

a. *Para evitar el sufrimiento animal - Para que los animales no sufran.*
b. ....
c. ....
d. ....
e. ....
f. ....

B. Relaciona las columnas y forma frases que expresan finalidad con indicativo o subjuntivo.

a. No dejes el grifo abierto
b. Tenemos que actuar ya
c. Recicla todos tus desechos
d. Apaga las luces al salir de las habitaciones   para
e. No tires plásticos al mar
f. Elige detergentes biodegradables
g. Gasta menos papel   para que
h. No abras la ventana con la calefacción encendida
i. Lleva tu bolsa al supermercado
j. Explícales a tus hijos los problemas del planeta

1. puedan ser reutilizados.
2. contaminar menos el agua.
3. los peces no se los coman.
4. no dejar salir el calor.
5. se corten menos árboles.
6. las cosas mejoren.
7. no tener que comprar bolsas de plástico.
8. tomen conciencia ya desde pequeños.
9. no gastar agua inútilmente.
10. ahorrar electricidad.

2 PROYECTOS SOSTENIBLES

A. La asociación ecológica Vidaverde propone diferentes proyectos sostenibles para algunas ciudades.

a. Lee los textos que aparecen en su web y complétalos con estos términos.

calles | objetivo | jardines | prioridad | horas | verde | comprometida | limpia | alquiler
urbano | bicicletas | sostenible | vías | contaminación | índices

Ciudad .... (VALENCIA)

Nuestra .... es la movilidad sostenible para disminuir los niveles de ....

Planteamos un nuevo diseño de transporte .... y más kilómetros de .... peatonales para todos los usuarios.

Ciudad .... (SAN SEBASTIÁN)

Nuestro .... es hacer más verde y .... nuestra ciudad.

La propuesta es plantar más árboles en los .... en algunos barrios y las .... principales de la ciudad.

Ciudad .... (BILBAO)

Nuestro compromiso es reducir los .... de contaminación en toda la ciudad.

Nuestra propuesta es poner a disposición de los ciudadanos más de 450 .... de .... que están en servicio las 24 ....

b. Lee ahora estas opiniones que han escrito algunos lectores de la web sobre los proyectos anteriores y elige la opción correcta.

Yo creo que es una buena/grande iniciativa. Los transportes públicos de la ciudad son muy grandes/buenos y puntuales.

Es un bueno/buen proyecto. Pasearemos por unos jardines más bonitos y plantar árboles es una buen/buena opción.

A mí me parece una propuesta buena/mala para que la gente utilice las grandes/gran infraestructuras y los carriles bici.

Me parece una gran/mala idea del ayuntamiento. Evitará los grandes/buenos atascos al entrar a la ciudad.

No es un buen/bueno plan porque ahora es buen/mal momento para plantar árboles. La época es hasta el mes de abril.

Creo que no es un proyecto buen/bueno porque hay una gran/grande desigualdad en los barrios y hay zonas sin carril bici.

B. Piensa en tu ciudad, ¿qué proyecto sostenible necesita? Escribe un breve texto con tu propuesta.

UNIDAD 8 ¿CUIDAS EL MEDIOAMBIENTE? | SECUENCIA 3

1 ECODESAFÍOS

A. Observa las imágenes y escribe, debajo de cada una, la palabra adecuada.

cubo de basura | contenedor de reciclaje | vidrio | cartones | desechos orgánicos | envases | latas

B. Observa este cartel con distintos ecodesafíos sostenibles.

a. Marca al lado de cada imagen si practicas ese ecodesafío (sí 👍, no 👎).

b. Después, relaciona cada imagen con la frase correspondiente.

ECODESAFÍOS SOSTENIBLES

1. Prescindir de las botellas de plástico de un solo uso. ☐
2. Llevar bolsas de tela y no comprar bolsas de plástico. ☐
3. Sustituir las bombillas por otras de bajo consumo para ahorrar energía. ☐
4. Elegir el tren para trayectos largos. ☐
5. Comprar electrodomésticos que consuman menos electricidad. ☐
6. Utilizar detergente biológico que no contamine el agua. ☐
7. Realizar trayectos por la ciudad en bicicleta. ☐
8. Priorizar la compra de alimentos de origen local y de temporada. ☐

c. **Ahora, relaciona estos verbos que conoces con su sinónimo.**

a. reducir	1. verificar / comprobar
b. prescindir	2. reemplazar
c. revisar	3. adquirir
d. llevar	4. efectuar
e. sustituir	5. usar
f. elegir	6. disminuir
g. comprar	7. favorecer
h. utilizar	8. privarse de
i. realizar	9. escoger
j. priorizar	10. traer

2 LAS 3R

A. En la revista *Ecosostenible* nos explican en qué consiste la regla de las 3R.

a. **Léela y elije el conector causal adecuado.**

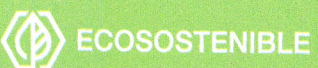

ECOSOSTENIBLE

LAS 3R La regla de las 3R es una propuesta iniciada por Greenpeace con el objetivo de modificar nuestros hábitos de consumo para que sean más responsables y sostenibles.

REDUCIR

Por/Como nuestro consumo energético es muy elevado, debemos reducir el gasto de materias primas, agua y bienes de consumo porque/por estamos enviando mucho CO_2 a la atmósfera. Debemos sustituir las bolsas de plástico por materiales reutilizables, ya que/por estos se pueden reutilizar. Además, tenemos que comprar productos no envasados, como/porque evitamos el uso de plásticos que no son necesarios.

REUTILIZAR

Los productos tienen una vida útil limitada y antes de sustituirlos por uno nuevo, podemos repararlos porque/como ahora tenemos la mentalidad de usar y tirar. Como/Por podemos reutilizar, no solo los productos manufacturados también los recursos naturales, podemos usar el agua de lavar frutas y verduras para regar, por ejemplo, porque/ya que está limpia.

RECICLAR

Debemos obtener nuevos productos a partir de productos que ya no utilizamos, como/porque hay materiales útiles que pueden ser reciclados. Como/Por que la sociedad de consumo produce muchos residuos, es necesario reciclarlos, ya que/como, si no lo hacemos así, no habrá espacio para toda la basura que generamos. Es necesario reciclar ya que/por el bien del planeta.

b. **Ahora, completa la tabla con las frases causales del ejercicio anterior.**

presenta una causa	presenta una situación como la causa	presenta el motivo de algo negativo	retoma una situación dada como causa

UNIDAD 8 | EXAMEN DELE

COMPRENSIÓN DE LECTURA

A continuación, vas a leer tres textos en los que unas personas nos hablan de su compromiso con el medioambiente. Después, relaciona las preguntas, 1 a 6, con los textos, *a, b o c*.

	a. Laura	b. Leo	c. Leticia
1. ¿Quién dice que la situación actual es terrible?			
2. ¿A quién le agrada el cambio de actitud de clasificar basura?			
3. ¿Qué persona colabora para sensibilizar a la población?			
4. ¿Quién dedica cuatro días mensuales a limpiar la playa?			
5. ¿A quién le parece que es importante reutilizar?			
6. ¿Quién dice que tenemos que cambiar nuestros hábitos de consumo?			

a. Desde hace cinco años trabajo como voluntaria en la asociación Ecologistas en acción. Mi ayuda al medioambiente consiste en ir dos fines de semana al mes a recoger basura a las playas del Mar Menor.

Es increíble la cantidad de desechos orgánicos que hay en la arena y todas las botellas de plástico y latas que llegan cada día del mar a las playas. Entre todos los voluntarios podemos recoger en un día más de 350 kilos de basura. ¡Es muchísimo! Esta cantidad demuestra que todavía no hay una total concienciación medioambiental por parte de la población. También recogemos peces y delfines muertos. ¡Es una situación muy triste! Ojalá veamos pronto todas las playas limpias y sin plásticos.

b. Hace años vi un reportaje sobre el gran impacto de las vacas en la contaminación ambiental y tomé conciencia de que debía reducir mi consumo de carne. Al principio fue difícil y tuve que hacer grandes esfuerzos porque comía carne con mucha frecuencia. Ahora soy vegano y estoy muy contento de haber tomado esta decisión. Pertenezco a una asociación que se ocupa de dar charlas en los colegios e institutos un par de veces a la semana. Queremos concienciar a los niños y a los jóvenes de la necesidad de comer frutas y verduras y de reducir nuestro consumo de carne. Este trabajo no es fácil, pero estamos seguros de que vamos a lograr cambiar la forma de consumir.

c. Llevo muchos años trabajando como responsable de una planta de reciclaje y puedo decir que el proceso ha sido lento, pero poco a poco la gente se ha ido concienciando y ahora se recicla más y mucho mejor. Cuando se abrió la planta, recibíamos todo mezclado: muchas cosas que no se podían reciclar y que no tenían que estar dentro de los contenedores. Ahora, el reciclaje con contenedores de colores (amarillo para el plástico y el metal, azul para el papel, verde para el vidrio y gris para el resto de residuos no reciclables) ha ayudado mucho. Reciclar es necesario. Es muy importante para dar una segunda vida a los envases y papeles.

COMPRENSIÓN AUDITIVA

A continuación, vas a escuchar seis noticias sobre medioambiente de un programa radiofónico. Escucharás el programa dos veces. Después, selecciona la opción correcta, *a, b* o *c,* para cada noticia, 1 a 6.

NOTICIAS

1 Según el audio, en el reciclado de envases, España está...

   a. al mismo nivel de otros países de Europa.

   b. por debajo del nivel de otros países europeos.

   c. por encima del nivel de muchos países.

2 La noticia informa de que la energía solar en España tiene...

   a. un futuro brillante.

   b. datos fotovoltaicos importantes.

   c. una producción actual propia.

3 Según el audio, el número de especies en peligro de desaparición es...

   a. 5.002.

   b. 5.012.

   c. 5.200.

4 Según la noticia, el Mar Menor está viviendo...

   a. unas circunstancias ya vividas antes.

   b. sus últimos momentos de existencia.

   c. una situación única y muy peligrosa.

5 La noticia informa de que la deforestación de la Amazonia...

   a. beneficia al sector agrario.

   b. causa un almacenamiento de CO_2.

   c. hará descender las temperaturas.

6 Según el audio, el 5 de junio es un día para...

   a. celebrar la biodiversidad de Colombia.

   b. sensibilizar de los problemas medioambientales.

   c. realizar manifestaciones en diversas ciudades.

sesenta y siete | **67**

UNIDAD **9** ¿QUÉ ES IMPORTANTE PARA TI? | SECUENCIA **1**

1 TODO LO QUE ME IMPORTA

A. Lee estos textos y relaciónalos con las formas de elegir una profesión o estudios.

1. pasión | 2. salidas | 3. vocación | 4. se me da bien | 5. tradición | 6. remuneración | 7. recomendación

No sabía qué estudiar. Mis notas en ciencias no eran buenas y mis profesores me animaron a empezar una carrera de letras.

Siempre he tenido facilidad para los idiomas. Hablo inglés y francés muy bien y soy profesora de francés en un instituto.

En mi casa la música es muy importante. Mi padre es músico. He estudiado música, trabajo en el conservatorio y toco el saxofón.

Siempre había oído que las carreras técnicas eran las más demandadas. Estudié ingeniería y encontré trabajo muy rápido.

Desde que era pequeña quería ayudar a otros y por eso estudié enfermería, una profesión que me ha permitido cumplir mis deseos. Ahora trabajo en una ONG en África.

Siempre he pensado que es importante tener un trabajo para poder vivir bien, así que decidí mis estudios con esta idea. No quería tener problemas económicos.

En mi familia nos encanta el deporte. De pequeños siempre veíamos las competiciones deportivas en la tele. Así empezó mi deseo de ser un buen deportista. Soy futbolista profesional.

B. Simón y Pilar han escrito un *post* en el blog *Pasión&Vocación* sobre cómo llegaron a ser lo que son.

a. Lee lo que han escrito y completa la tabla con la información que falta.

Pasión&Vocación

Soy Simón y me apasionan los animales. Desde que era pequeño quería ayudarlos y cuidarlos. En casa teníamos varios animales. Empecé a estudiar la carrera de veterinaria, pero la dejé la mitad porque empecé a tener alergia a los perros. Entonces, me puse a estudiar medicina y rápidamente empecé a trabajar en un hospital. Ahora, he vuelto a tener animales en casa, pero solo gatos.

Mi nombre es Pilar y mi sueño era ser maestra de niños pequeños, aunque siempre me ha entusiasmado la idea de conducir autobuses. Estuve a punto de estudiar magisterio, pero al final terminé estudiando filología y dando clases de español por todo el mundo. Hace unos años dejé de enseñar y empecé a trabajar en una editorial. Quizás, un día vuelva a ser profesora.

	Simón	Pilar
a. ¿Cuál es su pasión?		
b. ¿A qué se dedica?		
c. ¿Qué vocación tiene?		
d. ¿Cuál es su misión?		

b. Ahora, localiza las perífrasis con infinitivo que hay en los textos anteriores. Completa con el ejemplo adecuado.

   a. expresa repetición: ....
   b. expresa interrupción: ....
   c. indica el final de una acción: ....
   d. indica el inicio de una acción: ....
   e. expresa la intención de hacer algo en breve: ....

C. Lee las siguientes frases y marca la opción correcta. Después, indica el significado de cada una.

(1) repetición | (2) interrupción | (3) final de acción | (4) intención | (5) inicio de acción

   a. *Estaba a punto de/Dejé de* irme a vivir a Colombia, pero *dejé de/me puse a* trabajar.
   b. Tenía muchos problemas de salud y *me puse a/dejé de* hacer ejercicio y comer sano.
   c. *Estuve a punto de/Terminé de* ir al cine, pero *empezó a/dejó de* dolerme la cabeza.
   d. *Me puse a/Estaba punto de* salir de casa cuando recibí una llamada importante.
   e. *Dejé de/Empecé a* preparar el examen porque estaba cansada.
   f. *Acabé de/Me puse a* estudiar en la universidad y *dejé de/empecé a* trabajar enseguida.
   g. *Ha dejado de/Se ha puesto a* llover y no tengo paraguas.
   h. *Ha estado a punto de/Ha vuelto a* no decirle nada, pero, al final, se lo ha dicho.

D. Observa las imágenes y debajo de cada una escribe una frase usando las perífrasis adecuadas.

(1) repetición | (2) interrupción | (3) final de acción | (4) intención | (5) inicio de acción

a

(3) Él acaba de hacer sus ejercicios y (1) ....
....

b

(3) .... y
(5) ....

c

(2) .... y
(5) ....

d

(5) .... y
(3) ....

E. Ahora, usando las perífrasis que conoces, escribe frases relacionadas contigo.

- ....
- ....
- ....
- ....

UNIDAD 9 ¿QUÉ ES IMPORTANTE PARA TI? | SECUENCIA 2

1 VOCACIÓN: CABALLERO ANDANTE

A. *Don Quijote de la Mancha* es la novela española más conocida en todo el mundo.

a. Lee los textos y complétalos con *ser* o *estar* en pasado según el contexto.

EN UN LUGAR DE LA MANCHA DE CUYO NOMBRE NO QUIERO ACORDARME...

DON QUIJOTE

.... el protagonista de la novela. .... de La Mancha. Su verdadero nombre .... Alonso Quijano, pero también se le conocía como el caballero de la triste figura. .... un gran lector de novelas de caballeros. Leyó tantas novelas que .... completamente loco. .... un hombre viejo y alto, ... muy delgado y siempre llevaba una armadura. .... valiente, aventurero y soñador. .... convencido de que tenía que hacer justicia en el mundo, y como .... una persona muy imaginativa, confundía el mundo real con sus ideas irreales. Tenía un caballo que .... muy delgado y .... muy lento. Se llamaba Rocinante.

SANCHO PANZA

.... un campesino pobre, bastante inteligente. .... el escudero de don Quijote y siempre .... a su lado acompañándolo.
.... una persona tranquila y realista. No .... conflictivo. No sabía leer ni escribir, pero .... práctico y ambicioso. Quería gobernar una isla como le prometió don Quijote. Tenía un gran sentido del humor. .... muy bueno y diferente a su señor en su carácter y también en su físico, ya que Sancho .... bajo y tenía una gran barriga. Tenía un asno llamado Rucio que .... de color marrón claro.

MIGUEL DE CERVANTES

b. Vuelve a leer los textos y completa la tabla con ejemplos según el uso de *ser* y *estar*.

descripción física	estado físico, mental o emocional	lugar	posición

c. Lee estas definiciones y localiza en los textos anteriores los adjetivos adecuados. ¿Son positivos (P) o negativos (N)?

Persona que...

a. siempre imagina cosas: ....

b. quiere tener dinero, poder o fama: ....

c. odia los conflictos: ....

d. tiene mucho valor en situaciones difíciles: ....

e. prefiere las cosas útiles: ....

f. hace algo sin pensar en las consecuencias: ....

g. crea situaciones complicadas: ....

h. imagina cosas buenas y agradables: ....

i. ama los momentos de peligro: ....

B. Aquí tienes algunos datos sobre Dulcinea, la amada de don Quijote. Léelos y escribe un breve párrafo utilizando *ser* y *estar*, como en el ejemplo.

¿Quién es Dulcinea del Toboso?

- amada imaginaria de don Quijote
- personaje no real de la novela
- joven que trabaja en el campo
- el Toboso es su pueblo
- nombre verdadero: Aldonza Lorenzo
- Dulce, pero no muy bella

Dulcinea es la amada imaginaria de don Quijote. Es…

2 ¿SER O ESTAR?

A. A veces, un mismo adjetivo puede ir con *ser* o con *estar*. Lee estas frases y elige la opción correcta.

a. Juan hoy *es/está* tranquilo viendo la televisión.
b. Mis amigos *están/son* unos aburridos, no quieren salir.
c. Beatriz, hoy *estás/eres* muy guapa con ese vestido rojo.
d. Hoy cumples 70 años y *estás/eres* muy joven.
e. Mi hija come mucho, pero *es/está* muy delgada.
f. Mis padres *son/están* las personas más alegres que conozco.

B. Describe estas imágenes, como en el modelo, con *ser* o *estar* y estos adjetivos.

feliz   tranquilo/a   guapo/a

a. *Ella está feliz porque* ....
b. ....
c. ....
d. ....
e. ....
f. ....

UNIDAD 9 ¿QUÉ ES IMPORTANTE PARA TI? | SECUENCIA 3

1 COMPROMISO CON LOS DEMÁS

A. Relaciona cada término con su significado.

a. ONG
b. voluntario
c. recaudar fondos
d. colaborar
e. voluntariado
f. compromiso
g. donar

1. acción de colaborar en algo sin esperar nada a cambio.
2. trabajar junto a otras personas en la misma actividad.
3. regalar algo a alguna persona, asociación, etc.
4. acuerdo que se tiene con una entidad o persona.
5. persona que hace algo porque quiere.
6. pedir dinero para alguna causa.
7. organización no gubernamental.

B. En el blog *AyudaYa* se ha publicado información de tres ONG.

a. Lee cada texto y elige el término adecuado.

AYUDAYA

| MI BLOG | ENTRADAS | ARCHIVO | BLOGS QUE SIGO | COLABORACIONES | CONTACTO |

PAYASOS SIN FRONTERAS
¿Quieres ser voluntario?
Esta ONG se funda en 1993. Su objetivo es estar presente en las zonas en las que ha habido *guerras/paz* o *problemas/catástrofes* naturales y mejorar la situación psicológica y *emocional/natural* de los niños; para ello, utilizan la *risa/actuación* y el *arte/circo*.

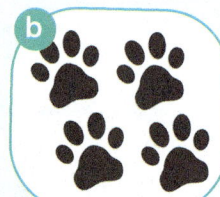

AMIGOS DEL PERRO
¿Quieres colaborar?
Es una asociación que se crea en 1995 para favorecer el *bienestar/estado* animal. Desarrolla actividades como la *recogida/educación* de animales *abandonados/tristes*, la búsqueda de nuevas familias de *adopción/ayuda* y la creación de campañas contra el abandono y el *maltrato/cuidado* animal.

ACCIÓN NATURA
¿Quieres ayudarnos?
Esta ONG que nace en 1997 busca la *participación/no colaboración* activa de la sociedad en *proyectos/campañas* que se dedican a mejorar el medioambiente, la *conservación/destrucción* de la biodiversidad y la sensibilización y *preservación/pérdida* del *patrimonio/estado natural*.

b. Ahora, lee el perfil de estas personas que desean colaborar y relaciónalo con el voluntariado más adecuado.

> Estoy jubilada y tengo mucho tiempo libre. Mis hijos ya no viven en casa y tengo algunas habitaciones disponibles. No tengo ningún animal ahora.

> En la universidad estudié oceanografía y puedo ayudar en todo lo relacionado con el mar. También sé algo de conservación de especies terrestres.

> Era actriz y participé en algunos espectáculos de circo cuando era joven. Se me da bien hacer reír a los demás. No tengo ninguna vergüenza.

c. Ahora, lee este texto y selecciona el indefinido adecuado.

LO QUE DEBES SABER DE LOS VOLUNTARIOS

1. *Nadie/Nada* es perfecto y *ningún/ninguna* persona te va a pedir que tú lo seas.
2. *Ningunos/Todos* los voluntarios tienen que formarse.
3. Tú no puedes hacer *nada/nadie*. Necesitas a *alguien/nadie*.
4. Trabajas en equipo y debes ayudarte de *ningunos/todos* los demás.
5. *Ningún/Algún* voluntario es protagonista único de la acción voluntaria.
6. Haz *todo/nada* porque quieres hacerlo. *Nadie/Todos* te obliga.
7. *Nada/Alguno* ni *nadie/nada* debe desanimarte.
8. *Ningunos/Todos* los voluntarios trabajan con alegría y buen humor.
9. *Alguien/Nadie* va a decirte lo que tienes que hacer. Tú no decides solo.
10. *Alguno/Algo* muy importante es el compromiso con la organización.

2 ¿COLABORAS EN ESTAS INICIATIVAS?

A. En tu barrio hay otras propuestas de campañas solidarias. Completa los textos con estas frases. Después, subraya los indefinidos que hay.

antes de que cierren todos los supermercados? | Nada se puede hacer sin la colaboración | necesitan toda tu ayuda! para recoger tapones semanalmente en todos | y para eso necesitamos la colaboración y verdura fresca en su frigorífico cada día? | a todos los mayores del barrio

a ¿Nos ayudas a hacer la compra?
Colabora en nuestra nueva iniciativa para ayudar ....
¿Tienes algunas horas libres .... ¿Quieres que alguien tenga fruta ....
.... ¡Ninguna persona mayor del barrio tiene que estar sin ayuda! ¡Todas las personas que no pueden salir de casa ....

b Ayudemos a Esteban
Todos queremos ayudar a Esteban, ... de algunas personas que tengan algún tiempo libre .... los puntos donde hemos instalado contenedores. ....
.... de todos nosotros. Si alguien tiene otras ideas para colaborar, puede contactar con nosotros a través de nuestra web.

UNIDAD 9 | EXAMEN DELE

COMPRENSIÓN DE LECTURA

A continuación, vas a leer un correo que Dulce escribe a su amiga Pía. Después, elige la opción correcta, *a*, *b* o *c*, para completar los huecos, 1 a 6.

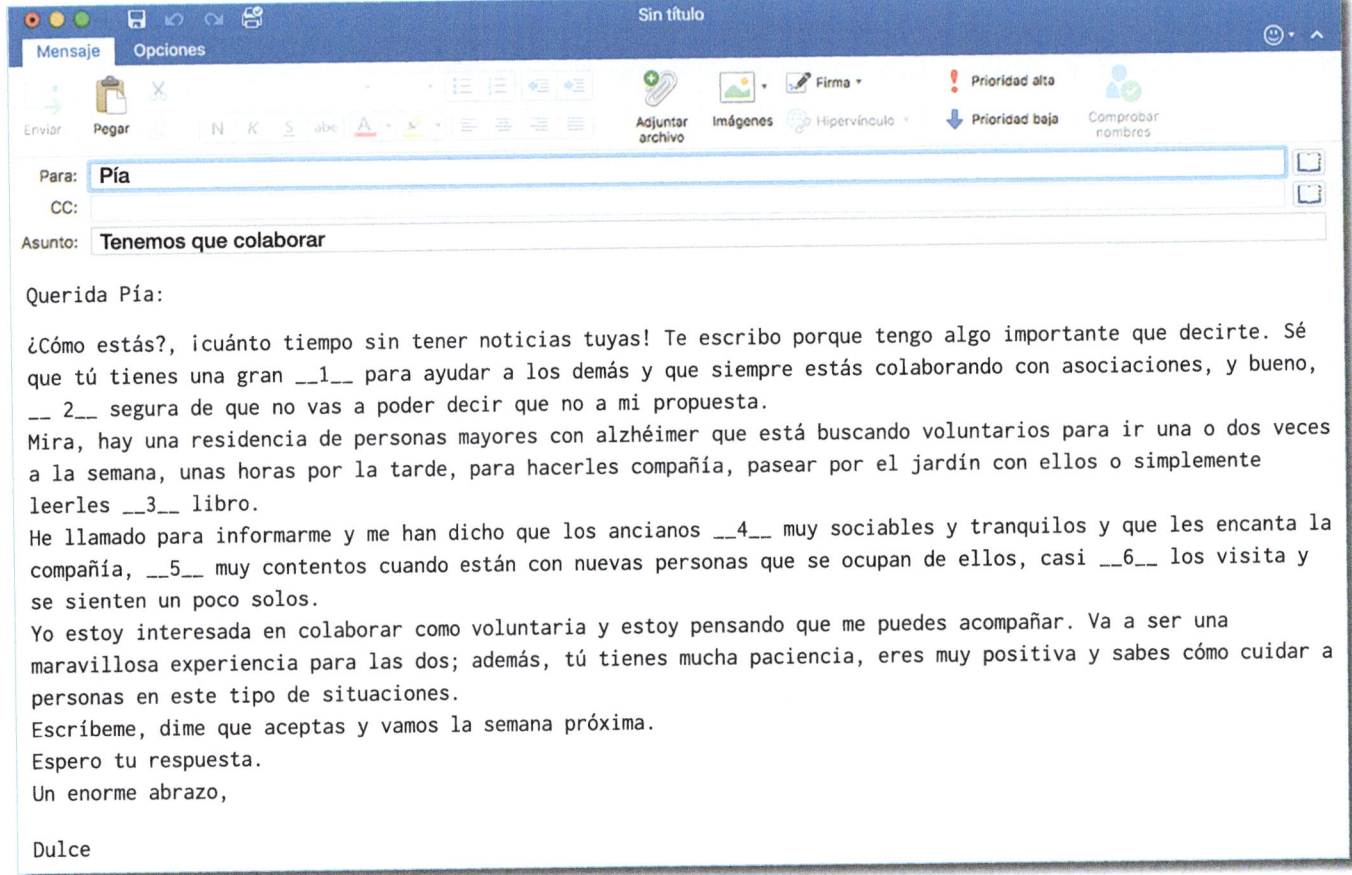

Para: Pía
CC:
Asunto: Tenemos que colaborar

Querida Pía:

¿Cómo estás?, ¡cuánto tiempo sin tener noticias tuyas! Te escribo porque tengo algo importante que decirte. Sé que tú tienes una gran __1__ para ayudar a los demás y que siempre estás colaborando con asociaciones, y bueno, __2__ segura de que no vas a poder decir que no a mi propuesta.

Mira, hay una residencia de personas mayores con alzhéimer que está buscando voluntarios para ir una o dos veces a la semana, unas horas por la tarde, para hacerles compañía, pasear por el jardín con ellos o simplemente leerles __3__ libro.

He llamado para informarme y me han dicho que los ancianos __4__ muy sociables y tranquilos y que les encanta la compañía, __5__ muy contentos cuando están con nuevas personas que se ocupan de ellos, casi __6__ los visita y se sienten un poco solos.

Yo estoy interesada en colaborar como voluntaria y estoy pensando que me puedes acompañar. Va a ser una maravillosa experiencia para las dos; además, tú tienes mucha paciencia, eres muy positiva y sabes cómo cuidar a personas en este tipo de situaciones.

Escríbeme, dime que aceptas y vamos la semana próxima.
Espero tu respuesta.
Un enorme abrazo,

Dulce

OPCIONES

1. a. misión   b. profesión   c. vocación
2. a. estoy   b. soy   c. estás
3. a. ningún   b. algún   c. alguno
4. a. son   b. están   c. hay
5. a. son   b. están   c. algunos
6. a. nada   b. ninguno   c. nadie

COMPRENSIÓN AUDITIVA

A continuación, vas a escuchar un fragmento del programa sobre la vocación en el trabajo. Escucharás el fragmento dos veces. Después, selecciona la opción correcta, *a, b* o *c,* para las preguntas, 1 a 6.

PREGUNTAS

1 En la audición se informa de que algunas personas…

  a. no han sabido avanzar en su vida profesional.

  b. encontraron su vocación en profesiones relacionadas con el motor.

  c. sabían de pequeños a qué querían dedicarse en el futuro.

2 Según la grabación, solemos decidir qué estudiar…

  a. cuando estamos en la escuela secundaria.

  b. al decidir a qué universidad queremos asistir.

  c. con la ayuda de nuestra familia.

3 Según el audio, se suelen estudiar temas…

  a. ocasionales y temas relacionados.

  b. que se complementan y temas distintos.

  c. que no se complementan y temas iguales.

4 Según la audición, para la sociedad actual, el trabajo…

  a. da sentido a nuestra vida.

  b. es complicado, pero nos apasiona.

  c. nos identifica como personas.

5 Según el audio, la felicidad laboral depende de…

  a. una vocación profesional real.

  b. el interés por lo que haces.

  c. una verdadera afición.

6 Según la grabación, es difícil…

  a. recibir un salario por una vocación.

  b. ser fiel a nuestra motivación.

  c. vivir de algunas profesiones.

UNIDAD 10 — ¿VIAJAR ES UN PLACER? | SECUENCIA 1

1 ¿CÓMO SE SIENTEN?

A. Lee los *posts* que han dejado estos viajeros en un blog de viajes y marca la opción correcta.

Alberto (a)
Estoy/Me pone nervioso preparar viajes al extranjero, pero *me pone/estoy* de buen humor conocer nuevos países.

Nuria y Mar (b)
Nos pone/Estamos tristes volver a casa después de un viaje, pero *nos pone/estamos* alegres cuando podemos hablar español en nuestros viajes.

Arantxa (c)
Viajar a Chile *me pone/estoy* contenta, pero siempre *estoy/me pongo* estresada el día antes de salir de viaje. Espero no *estar/ponerme* enferma y tener que anular mi viaje.

2 LUGARES DE AMÉRICA LATINA

A. Este blog recoge cómo han vivido sus viajes algunas personas.

a. Lee los textos y complétalos con *estar* o *poner* en el tiempo adecuado.

b. Completa también los espacios en color naranja con estas palabras.

teoría | volcán | primavera | planeta | especies | animales | flora | biología
patrimonio | temperatura | maravillas | islas

VIAJES | Inicio | Artículos | Consejos

Bruna&Benjamín. Somos organizados y .... tranquilos porque preparamos los viajes con antelación. .... nerviosos dejar todo para el último momento. Viajamos solos porque .... enfermos viajar con personas desorganizadas. Visitamos una de las 7 .... del mundo. .... muy contentos de ver la Montaña Vieja. En casa .... de buen humor ver todas las fotos de este .... de la humanidad.

BegoFlor. En mi último viaje .... estresada porque viajaba sola, pero .... encantada con la idea de conocer el lugar que inspiró a Darwin y a su .... de la evolución de las ...., las famosas .... Galápagos. Allí está el principal laboratorio vivo de .... y yo .... feliz de poder visitarlo y ver tantos .... diferentes. Después de dos semanas fantásticas .... triste pensar en volver a casa.

Balt@Viajero. .... muy contento de poder viajar a la zona más seca del ...., donde no hay .... ni fauna. Allí era ...., una época magnífica, pero como había muchos turistas, ... enfadado. .... nervioso estar rodeado de mucha gente. Cuando llegué, ... un poco enfermo y como allí los cambios de .... son muy grandes, ... peor y no pude ver el .... que quería.

3 ¿QUÉ NO SOPORTAS?

A. Observa las imágenes y relaciónalas con uno de estos sentimientos, después, decide si para ti son positivos (P), negativos (N) o indiferentes (I).

me sienta fatal | no soporto | me apasiona | me hace mucha ilusión | odio | me encanta | me molesta | me da mucha rabia

B. India nos explica lo que siente en su ciudad, con su pareja y con sus amigos. Lee los textos y sustituye los iconos por la expresión correspondiente.

a. Vivo en el centro de Toledo y ………………… que haya tantos turistas los fines de semana. ………………… pasear por las calles cuando hay tanta gente y ………………… el ruido que hacen.

b. ………………… que mis amigos vayan al cine cuando yo no puedo ir, pero ………………… que no me llamen para ir al teatro porque ………………… ir a ver obras clásicas y modernas.

c. ………………… llegar a casa y que Juan tenga la cena preparada. ………………… que prepare viajes sorpresa a los países que quiero visitar, pero ………………… que vea el fútbol los sábados por la noche.

C. Roberto nos explica algunos de sus sentimientos y los compara con lo que siente hacia lo que hacen otras personas. Lee las frases y complétalas, como en el ejemplo.

a. Me encanta comer y beber en el cine, pero (la gente) *me molesta que la gente haga ruido cuando come y bebe en el cine.*
b. Me gusta quedarme en casa los fines de semana, pero (mi hijo) ………………………………
c. Me apasiona escuchar música por las mañanas, pero (mis vecinos) ………………………………
d. Me hace mucha ilusión viajar a Jordania y (mi mejor amiga) ………………………………
e. Me molesta despertarme temprano los lunes, pero (otras personas) ………………………………
f. Me sienta fatal perder el autobús por unos segundos, pero (la gente) ………………………………

D. Ahora, explica cómo te sientes en estas situaciones.

• Recibes un regalo que no te gusta ………………………………
• No funciona Internet ………………………………
• Te dicen que eres genial ………………………………
• No para de llover durante tres días ………………………………
• Olvidas el móvil en casa ………………………………

UNIDAD 10 — ¿VIAJAR ES UN PLACER? | SECUENCIA 2

1 VIAJAR ES UN PLACER

A. Observa las imágenes y escribe, debajo de cada una, el término adecuado.

auxiliar de vuelo | maleta | cinturón | cinta | tarjeta de embarque | equipaje | billete | asiento

 a
 b
 c
 d

 e
 f
 g
 h

B. Relaciona las dos columnas.

a. facturar/recoger
b. hacer
c. imprimir
d. reservar
e. presentar
f. dirigirse
g. aterrizar/despegar
h. embarcar
i. pasar

1. a la puerta de embarque
2. una escala
3. en un avión
4. en una pista
5. el equipaje
6. por el control de seguridad
7. el carné de identidad/pasaporte
8. la tarjeta de embarque
9. un asiento/un billete

C. Todas estas definiciones se refieren a los viajes en tren. Léelas y relaciona cada una con la palabra correspondiente.

portaequipajes | revisor | vía | coche/vagón | ventanilla | hacer transbordo
coche restaurante | andén | pasillo

a. Persona que comprueba el billete de los pasajeros ....
b. Lugar donde esperamos para subir al tren ....
c. Desde ella puedes ver el paisaje ....
d. Lugar del tren donde puedes tomar algo ....
e. Espacio donde pones tu maleta ....
f. Cambiar de tren para continuar el viaje ....
g. Lugar del tren con asientos para viajeros ....
h. Espacio del tren donde puedes andar ....
i. Camino por donde circulan los trenes ....

D. En el blog *¡Viajeros al tren!* algunas personas nos cuentan anécdotas que han tenido en sus viajes.

a. Lee los textos y complétalos con las palabras de los ejercicios anteriores.

¡Viajeros al tren!

| #NOTICIAS | #DIARIO DE VIAJE | #ARTÍCULOS | #CONTACTO

a. Rafael
Llegué a la *estación* muy rápido. Cuando iba a subir al tren, el ...., muy amable, me pidió el .... Empecé a buscarlo, pero vi que no estaba con mi .... Me puse muy nervioso. Había salido de casa como un loco corriendo y no sé dónde lo puse. Busqué, en especial, en mi .... Por fin lo encontré y pude viajar tranquilo. ¡Qué bien!

b. Ana
En general, suelo viajar en tren desde Alicante a Madrid y allí hago .... Esta vez estaba en el .... número cuatro y mi .... era perfecto porque estaba al lado de la .... Es raro que me levante, pero tenía hambre, fui a comprar un bocadillo al .... y allí conocí al amor de mi vida. ¡Fue maravilloso y no llegué a mi destino final!

b. Ahora, localiza los adjetivos que hay en los textos anteriores y transfórmalos en adverbios terminados en *-mente* para completar la tabla.

expresan frecuencia	expresan algo general o particular	expresan el modo

2 ¿NOS VAMOS DE VIAJE?

A. Las siguientes frases se utilizan para hablar del conocimiento. Relaciona cada una con su uso.

a. ¿Sabes qué día volvemos de viaje?
b. Sí, ya sé que el vuelo ha sido cancelado.
c. Yo sé que el vuelo a Lyon no es directo.
d. ¿Sabéis si podemos facturar *online*?
e. No tengo ni idea del tipo de enchufe que hay en la India.
f. He oído que están bajando los precios de los vuelos.
g. ¿Habíais oído algo sobre el nuevo tren rápido?
h. No, no sabía que esa compañía existía.
i. Yo sé que para ir a Turquía hay que llevar visado.

1. preguntar por el conocimiento
2. expresar conocimiento
3. expresar desconocimiento

B. Escribe la pregunta o la respuesta adecuadas utilizando las estructuras para expresar conocimiento o desconocimiento.

☺ respuesta de conocimiento | ☹ respuesta de desconocimiento

a. .... Sí, sale a las 10:15.
b. .... La escala dura dos horas y media.
c. ¿Sabéis si necesitamos vacunarnos antes de ir? ☹ ....
d. .... Podemos llevar una maleta de 10 kilos.
e. ¿Sabéis si hay una farmacia dentro del aeropuerto? ☹ ....
f. ¿Has oído algo sobre la cancelación de vuelos de mañana? ☺ ....
g. .... El control está al final de la terminal 4.

UNIDAD **10** ¿VIAJAR ES UN PLACER? | SECUENCIA **3**

1 ¿QUÉ TIPO DE VIAJERO ERES?

A. En la revista *Viaje&Aventura* hay información especial dedicada a los tipos de viajeros.

a. Lee y relaciona el tipo de viajero con el texto que le corresponde.

b. Marca en cada texto dos palabras clave que te han ayudado a relacionarlo.

2.0 | fotógrafo | aventurero | cultural | planificador | *gourmet* | comprador

TIPOS DE VIAJEROS

a. ....
No soporta planificar nada y le apasiona perderse para conocer mejor los lugares y a las personas. Le encantan los espacios libres y los destinos lejanos.

b. ....
Es muy organizado y prepara mucho tiempo antes sus viajes. Tiene una lista con cosas para hacer y así no olvidar nada.

c. ....
Le encanta conocer nuevas costumbres y tradiciones. Le interesa la historia de los países que visita. Nunca deja de entrar a un museo.

d. ....
Le apasiona ir a las tiendas y mercados locales de ropa y gastar todo su dinero en regalos y recuerdos para su familia y amigos.

e. ....
Siempre va acompañado de una cámara de fotos. Le apasiona hacer fotografías de todo lo que ve: paisajes, animales, personas…

f. ....
Pasa su viaje compartiendo su experiencia y dando consejos en sus blogs a otras personas. Es el viajero más tecnológico.

g. ....
Lo único que le interesa cuando viaja es conocer la gastronomía local y comer en todos los restaurantes típicos.

B. Observa las fotos y explica qué tipo de viajero puede ser.

C. ¿Y tú qué tipo de viajero eres? Escribe un texto explicándolo.

....
....
....

2 VIAJANDO VOY, VIAJANDO VENGO

A. Un blog de turismo y aventura presenta los problemas que puedes tener en un viaje.

a. Lee las situaciones y complétalas con el verbo correspondiente en condicional.

ir | deber | tener | hacer | decir | poder

a Llegáis al hotel y en ese momento os informan de que os han cancelado la reserva sin avisaros antes. ¿Qué ....?

b Te pones muy enfermo después de comer en un restaurante. No tienes un seguro médico. ¿A dónde ....?

c En la calle te han robado el dinero y las tarjetas de crédito. ¿A qué persona .... llamar?

d Estás con un grupo viajando y te pierdes. El grupo se va a otra ciudad sin esperarte. ¿Qué les .... cuando los veas otra vez?

e Tu pareja y tú llegáis a un museo con las entradas y os informan de que son para mañana. ¿Qué .... que hacer?

f Llegas al aeropuerto y cuando vas a facturar el equipaje, te das cuenta de que has olvidado el pasaporte en casa. ¿Qué .... hacer?

b. Ahora, completa la conjugación de los verbos irregulares en condicional.

poder	decir	hacer	tener
	diría		
podrías			
		haríais	
			tendrían

c. ¿Qué consejo o sugerencia les darías a estas personas?

- Tengo dos semanas de vacaciones en agosto y no sé qué hacer. ....
- Cuando hablo español, tengo problemas para que me comprendan. ....
- Mi pareja me dejó la semana pasada. ....
- Mi perro ha muerto y me siento muy triste. ....
- Acabo de llegar a una nueva ciudad y no tengo amigos. ....

UNIDAD 10 | EXAMEN DELE

COMPRENSIÓN DE LECTURA

A continuación, vas a leer un texto sobre la pasión por viajar. Después, elige la opción correcta, *a, b* o *c*, para las preguntas, 1 a 6.

¿PASIÓN POR LOS VIAJES O ALTERACIÓN GENÉTICA?

¿Te apasiona viajar?, ¿no puedes estar mucho tiempo sin preparar una maleta? Si la respuesta a estas dos preguntas es sí, es posible que tengas el síndrome *wanderlust*.

Cuando pensamos en un síndrome, pensamos en un tipo de enfermedad, pero no es así, y ¿qué es entonces el *wanderlust*? Esta palabra de origen alemán significa *obsesión patológica por trasladarse de un lugar a otro*. En español hay una palabra equivalente que es la *dromomanía*, pero el concepto se ha popularizado internacionalmente como *pasión por viajar*. Algunas personas piensan que el deseo de querer viajar por el mundo es solo una moda, pero los expertos aseguran que el espíritu *wanderlust* está en nuestros genes.

Hay un gen, el DRD47r que se denomina el gen del viajero. Es un receptor de dopamina que está relacionado con la toma de decisiones sin reflexionar y la necesidad de vivir nuevas experiencias, por ejemplo, probando comida que no has comido nunca o haciendo muchos viajes.

No todas las personas tienen este gen y según ciertos estudios, solo lo tiene un 20 % de la población, pero si no tenemos en cuenta estas valoraciones científicas, es cierto que el concepto *wanderlust* es, en este momento, una verdadera tendencia.

En plena era digital, la pasión por viajar y descubrir mundo ha empezado a interesar a los *millennials* (personas nacidas en las dos últimas décadas del siglo xx). Esta parte de la población busca sensaciones nuevas, experiencias que den sentido a su vida. Con esta generación ha nacido el concepto de *nómada digital*, que describe a la persona que va de un lugar a otro y no se instala en ninguno de forma permanente, pero antes de hacer la maleta y viajar por el planeta, de forma segura y sin riesgos, navegan por Internet y leen los comentarios y opiniones que los internautas han dejado en sus blogs y páginas web, y después toman decisiones sobre sus viajes.

Estos nativos digitales no son viajeros inexpertos, sino personas apasionadas y exigentes que dependen de la red. Este interés y pasión viajera lo podemos comprobar en Instagram. El *hastag# Wanderlust* tiene 87 millones de resultados actualmente. Está claro que el espíritu *wanderlust* vende más que nunca y está presente en ofertas, guías de viaje, películas, obras de arte e incluso en la música.

En conclusión, cuando el destino deja de ser objetivo para ser simplemente una excusa para disfrutar del placer de viajar, la experiencia *wanderlust* obtiene todo su significado y se transforma en una forma de vida, además con más adeptos cada día.

Adaptado de www.lavanguardia.es

PREGUNTAS

1 Según el texto, el síndrome de *wanderlust* es...
   a. un problema de salud.
   b. un entusiasmo por los viajes.
   c. una obsesión por moverse.

2 Según el texto, el deseo de querer viajar es...
   a. un fenómeno social.
   b. una cuestión genética.
   c. una patología.

3 En el texto se informa de que el gen DRD47r...
   a. es un tipo de *wanderlust*.
   b. ayuda a elegir la comida.
   c. influye en nuestras acciones.

4 Según el texto, los nómadas digitales...
   a. son la generación de los *millennials*.
   b. únicamente viajan por Internet.
   c. viajan sin destino, pero de manera segura.

5 Según el texto, que los nativos digitales son...
   a. turistas flexibles y tolerantes.
   b. personas apasionadas por Internet.
   c. viajeros no principiantes.

6 El texto informa de que el *wanderlust* tiene...
   a. diferentes significados.
   b. más seguidores cada vez.
   c. ciertos objetivos como excusa.

COMPRENSIÓN AUDITIVA

11 A continuación, vas a escuchar a seis personas hablando sobre viajes. Escucharás dos veces a cada persona. Selecciona el enunciado, *a - j*, que corresponde al tema del que habla cada persona, 1 a 6. Hay diez enunciados. Selecciona seis.

Ejemplo: 0. La opción correcta es la d.

	ENUNCIADOS
a.	Explica las sensaciones en los viajes.
b.	Tuvo problemas en la facturación.
c.	No le gusta nada viajar.
d.	Le anularon su vuelo.
e.	Quiere visitar todos los países.
f.	Tiene un medio de transporte favorito.
g.	No organiza sus viajes.
h.	Le gusta hacer visitas culturales.
i.	Ha cambiado de medio de transporte.
j.	Perdió la maleta en el viaje.

PERSONA	ENUNCIADO
Persona 0	d.
Persona 1	
Persona 2	
Persona 3	
Persona 4	
Persona 5	
Persona 6	

12 A continuación, vas a escuchar una conversación entre dos amigos, Pilar y Juan. Escucharás la conversación dos veces, decide si los enunciados, 1 a 6, se refieren a Pilar, *a*, Juan, *b*, o a ninguno de los dos, *c*.

	a. Pilar	b. Juan	c. Ninguno de los dos
0. *Propone un viaje.*	✓		
1. Tiene un filme favorito.			
2. Sugiere el destino del viaje.			
3. Tiene vacaciones en octubre.			
4. Sabe qué lenguas se hablan.			
5. Dice el nombre de la moneda de Kenia.			
6. Será la persona que organiza el viaje.			

UNIDAD 11 ¿CUIDAS TU ESTILO DE VIDA? | SECUENCIA 1

1 MÁS HÁBITOS SOSTENIBLES

A. La revista *Es mejor* presenta varias ideas para vivir de manera más ecológica. Léelas y elige la palabra correcta, después, relaciónalas con la imagen que les corresponde.

Es mejor

 Está fabricado con *bambú/ plástico,* que es un material sostenible. Además, se puede descomponer en elementos *cálidos/naturales* y no contaminantes gracias al *sol/ tierra* y al agua.

 Fabricarlo uno mismo es una gran alternativa ecológica. Con algunos productos *básicos/ nuevos* como el *aceite/limón* y el vinagre puedes hacer tus productos para *limpiar/aclarar* tu vivienda.

 Repara tus *aparatos/ mecanismos* si están rotos y no compres nuevos. Tenemos que luchar todos juntos contra el final de la vida de los *componentes/objetos*, es decir, contra la *obsolescencia/ finalidad* programada.

 Comprar productos sin plástico y llevar nuestros propios envases de *vidrio/ madera* o bolsas reutilizables de *plástico/tela* para meter las *compras/ventas* es más ecológico.

 Está claro que una de sus funciones principales es limpiar el *aire/humo*. Las que tienen las *hojas/líneas* verdes son ideales para poner en el interior, en el suelo. En el exterior son perfectas para un *espacio/jardín* vertical.

2 HOGAR DULCE HOGAR

A. En el foro *Busco-busco* hay personas que necesitan algunas cosas.

a. Lee lo que han escrito y complétalo con las palabras que faltan.

coste | terreno | cuadrados | contenedor | segunda   materiales | obra | profesional | calidad | reformas

 Vivo actualmente en un apartamento de 35 metros .... en el centro de la ciudad y quiero comprar una .... vivienda que sea una casa .... Necesito un .... que no tenga un .... muy elevado para instalarla. ¿Alguien conoce a una persona que venda una propiedad?

 Nuestro cuarto de baño es antiguo y buscamos un .... que haga .... muy económicas. Necesitamos que la .... esté terminada en un mes y queremos que se utilicen .... de buena .... ¿Conocéis profesionales que se dedican a este tipo de trabajos?

b. Ahora, localiza en los textos anteriores las frases relativas y completa la tabla.

Se refieren a algo de lo que tenemos información o conocemos	Se refieren a algo que desconocemos o de lo que no tenemos información

B. Priscila busca, necesita y quiere algunas cosas. Observa las imágenes y con la información que te damos, responde a las preguntas, como en el ejemplo.

a. arreglar/reparar ☹   b. instalar ☺   c. decorar ☹   d. ampliar ☺

Priscila, ¿qué…

a. busca? *Busca un profesional que arregle/repare su ventana rota.*

b. necesita? ....

c. quiere? ....

d. necesita? ....

☺ conoce
☹ no conoce

C. Lee estas frases, decide si la persona se refiere a algo que conoce o no y reacciona, como en el ejemplo.

a. Busco una profesora que me dé clases de francés: *¿Conoces a alguien?*

b. Busco una profesora que da clases de francés: *¿Quieres que te dé su número?*

c. Necesitamos una persona que sabe bailar en una fiesta: ....

d. Necesitamos una persona que sepa bailar en una fiesta: ....

e. Quiero una editora que tenga mucha experiencia: ....

f. Quiero una editora que tiene mucha experiencia: ....

g. Buscamos alguien que cuide animales sin casa: ....

h. Buscamos alguien que cuida animales sin casa: ....

D. Relaciona las columnas.

a. trasladar		1. el espacio
b. montar		2. entornos
c. ampliar	en	3. energía
d. fabricar	de	4. reformas
e. ubicar	Ø	5. lugar
f. hacer		6. madera
g. ahorrar		7. un contenedor

E. Ahora, relaciona los sinónimos.

a. trasladar	1. aumentar
b. montar	2. construir
c. ampliar	3. realizar
d. fabricar	4. desplazar
e. ubicar	5. economizar
f. hacer	6. armar
g. ahorrar	7. localizar

UNIDAD 11 ¿CUIDAS TU ESTILO DE VIDA? | SECUENCIA 2

1 OBSOLESCENCIA PROGRAMADA

A. Maravillas Hita es experta en obsolescencia programada. La revista *Tecnoconec* nos presenta su entrevista.

a. Antes de leerla, marca si crees que estas afirmaciones son verdaderas o falsas. Después de leerla, comprueba tus respuestas.

	antes V	antes F	después V	después F
a. La obsolescencia programada nació en el siglo XXI.	☐	☐	☐	☐
b. Existen varios tipos de obsolescencia programada.	☐	☐	☐	☐
c. Comprar, usar, reparar y usar es el ciclo de la obsolescencia.	☐	☐	☐	☐
d. La obsolescencia programada contamina países del tercer mundo.	☐	☐	☐	☐

b. Ahora, lee la entrevista y complétala con estos fragmentos en el lugar que corresponda.

a. afecta de manera económica y psicológica,
b. es complicadísimo luchar contra todos estos tipos de obsolescencia,
c. de fabricar sería una verdadera catástrofe para muchas empresas y personas.
d. la de calidad es cuando el producto empieza a funcionar mal después de tenerlo un tiempo,
e. muchas veces estos residuos van a países menos desarrollados y allí lo contaminan todo.
f. este tiempo de vida útil ha pasado, el producto se vuelve viejo, inútil y se rompe o deja de funcionar.

TECNOCONEC 05

Obsolescencia programada

Es un placer contar hoy con Maravillas Hita, experta en obsolescencia programada. ¿Nos podría decir en qué consiste exactamente?
Verá, es un concepto que aparece en la década de 1920 y se refiere a la vida útil que una fábrica o empresa le da al producto que fabrica. Una vez que ....
Hay diferentes tipos de obsolescencia, ¿podría hablarnos de cada uno?
Efectivamente, existen tres tipos: de función, de calidad y de deseo. La de función se produce cuando sale a la venta un nuevo producto, pero más avanzado y con más y mejores funciones que el anterior, ... y por último, la de deseo es cuando aparece un nuevo producto y decidimos cambiar el que tenemos por el nuevo, es una cuestión de moda. Y el tema es que .... porque vivimos en una sociedad muy consumista.
¿Cómo afecta este fenómeno a los consumidores?
Pues, de manera muy directa y negativa porque .... ya que, como los productos están programados para morir, cuando esto sucede, el consumidor está obligado a comprar uno nuevo. Empieza un ciclo sin final: comprar, usar, tirar, comprar, usar, tirar… y así una y otra vez.

ENTREVISTA

Pero, ¿no sería mejor reparar el producto roto y dejar de comprar nuevos?
Sí, sí, claro. Sería mucho mejor para todos, pero reparar un objeto es más caro que comprar uno nuevo. Además, comprar beneficia a la economía y dejar ....
Una última pregunta, ¿cómo afecta la obsolescencia programada a la generación de residuos?
Pues, de manera directa, ya que las televisiones, teléfonos y frigoríficos, por ejemplo, están fabricados con sustancias que contaminan y, además, ...
Muchas gracias por esta entrevista tan interesante. Ya lo saben, antes de comprar… reparar.

c. Vuelve a leer la entrevista y responde a estas preguntas.

a. ¿Desde cuándo existe la obsolescencia programada? ....
b. ¿Cómo se puede combatir la obsolescencia programada? ....
c. ¿Qué ventajas e inconvenientes tiene este fenómeno? ....
d. ¿Dónde van los residuos producidos por la obsolescencia? ....

d. Busca en el texto palabras sinónimas a estas.

a. gusto: ....
b. asunto: ....
c. industria: ....
d. antiguo: ....
e. mundo: ....
f. comprador: ....…....

g. utilizar: …….................…..
h. arreglar: …….................…..
i. desastre: …….................…..
j. forma: …….................…..
k. nevera: …….................…..
l. basura: …….................…..

B. En el blog *Nocompresrepara* hay diferentes opiniones sobre la obsolescencia programada. Léelas y elige la preposición y el pronombre relativo correspondiente.

Nocompresrepara MADRID ▼ ESPAÑOL INGLÉS ✉ SUSCRÍBETE 👤 MI CUENTA 🔍
QUÉ HACER PUBLICIDAD PRESENTACIÓN PERFIL DEL LECTOR LISTA DE TEMAS ¿QUÉ ES NOCOMPRESREPARA?

NOCOMPRESREPARA / Madrid / Obsolescencia

a. Yo soy con/de los/las que les gusta reparar sus propios objetos. No quiero ayudar a la obsolescencia programada y no soporto a/por el/los que dicen que es mejor tirar los objetos que repararlos. Román.

b. Mis clientas, de/con los/las que paso mucho tiempo, me dicen que la obsolescencia es horrible, pero este fenómeno con/de el/la que todos hablan mal es necesario para la supervivencia de mi negocio. Lara.

c. Yo soy en/de las/los que necesita cambiar de móvil todos los años y tener uno nuevo de/con la/el que poder jugar más y mejor y de/en los/el que tener más aplicaciones necesarias para mi trabajo y mi vida personal. Rubén.

d. No comprendo de/a los/el que van a reparar los objetos y gastan más dinero que si compran uno nuevo. Los que hacen esto no ayudan a mejorar la economía del país en/por el/la que viven. Miriam.

C. Relaciona las columnas y forma frases relativas con preposición. Hay varias opciones.

a. Este es el modelo de móvil
b. Hay situaciones
c. Los motivos
d. Cambié mi coche antiguo
e. Esta es la lavadora
f. Piensa en un momento
g. Estas son las cosas
h. Este es el robot de cocina

de   el
del   la
en   las
con   los
por   Ø

1. que todo el mundo habla.
2. que no me quiero olvidar.
3. que fuiste feliz comprando algo.
4. que puedes lavar siete kilos de ropa.
5. que te hablé la semana pasada.
6. que tienes que tomar una decisión.
7. que existe este problema son variados.
8. que han lanzando al mercado esta semana.

UNIDAD **11**   ¿CUIDAS TU ESTILO DE VIDA? | SECUENCIA **3**

1 COUCHSURFING

A. ¿Sabes qué es el *couchsurfing*? Lee y ordena los fragmentos de este texto de una web de viajes para saber más de esta tendencia de intercambio sostenible.

TENDENCIAS SOSTENIBLES

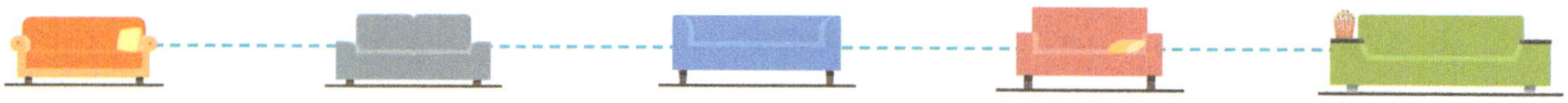

a Ahora, el proyecto ha crecido y es una plataforma de *intercambios de sofás* entre personas que viajan.

b Este proyecto nació en 2004, cuando un surfista americano, Casey Fenton, quería ir a hacer surf a Islandia.

c Cuando quieras viajar, buscas un *hoster* que te deje su sillón en la ciudad que elijas y le envías un mensaje. ¡Es muy fácil! ¿Te animas a probar esta experiencia?

d Antes de viajar, contactó con estudiantes universitarios de allí para pedirles alojamiento gratis durante su estancia. Obtuvo tantas respuestas positivas, que al volver a EE.UU. desarrolló esta idea.

e ¿Qué significa *couchsurfing*? *Couch* significa sofá que es lo que le ofrecían para dormir, y *surfing* es el deporte que le llevó a Islandia.

f Tiene dos puntos fuertes: uno, la posibilidad de alojarte gratis en cualquier país del mundo y dos, conocer el lugar al que viajas de la mano de alguien local.

1 (b) 2 ○ 3 ○ 4 ○ 5 ○ 6 ○

B. En un foro de la web anterior hay diferentes opiniones sobre el *couchsurfing*. Léelas y reacciona diciendo si estás de acuerdo o no con ellas. Justifica tus opiniones.

a Uy, ¿dejar mi sofá a un desconocido y además de otro país?, ¡qué miedo! Me pueden robar o romper algo.

b Yo ya lo he utilizado y he conocido a mucha gente fantástica.

c Como es gratis, ese dinero que ahorras lo puedes utilizar para comprar regalos e ir a restaurantes.

d Compartes momentos únicos y además practicas lenguas extranjeras con nativos, ¡genial!, ¿no?

a. ....
b. ....
c. ....
d. ....

(No) Estoy de acuerdo con + persona + en que + indicativo / subjuntivo

2 ¿INTERCAMBIAMOS?

A. En el siguiente blog hay información sobre tres estilos de vida colaborativos. Léelos y marca la palabra correcta.

INTERCAMBIOS

INCIO | QUIÉNES SOMOS | GALERÍA | BLOG

Un huerto urbano es una alternativa sostenible. En cualquier espacio al aire libre (en tu terraza/cocina o un salón/jardín) puedes producir carne/verdura y fruta fresca/seca. Además de ahorrar, consumes alimentos más caros/saludables.

Los espacios/momentos de *coworking* son salas/oficinas compartidas donde todos trabajan en el mismo lugar/edificio físico. Es una forma de crear relaciones profesionales y personales, evitar la ruido/soledad y hacer contactos/amigos profesionales.

El banco de tiempo es un sistema/concepto de intercambio/trabajo de servicios/ideas por tiempo y no por comida/dinero. Por ejemplo, tú cuidas una hora a unos niños de alguien persona/desconocido y cambias esa hora por un servicio que tú necesites.

B. Tres blogueros proponen una serie de intercambios. Lee sus anuncios y completa las frases de petición de favor o permiso. Después, justifica la respuesta.

Tengo un jardín de 25m². Podemos cultivar tomates, lechugas y pepinos. Compartiríamos la verdura y los gastos. ¿Te gustaría colaborar en esta experiencia?

Tengo una superficie de más de ochenta metros cuadrados muy agradable para instalar un espacio de *coworking*. ¿Podrías trabajar aquí?

Soy profesor de yoga y podría dar clases de una hora. Cambiaría mi hora de yoga por una hora de inglés. ¿Te gustaría este intercambio de tiempo?

(👍) acepta   (👎) rechaza

a. Somos dos, ¿................ ir a ver la terraza y a conocerte? 👍 ....

b. ¿................ que empiece a trabajar a las seis de la mañana? 👎 ....

c. ¿................ aceptar una hora de clase de italiano? 👎 ....

d. ¿................ que cultivemos también fresas? 👍 ....

e. Somos un equipo, ¿................ trabajar los fines de semana? 👎 ....

f. ¿................ cambiar el yoga por una clase de cocina? 👎 ....

UNIDAD 11 | EXAMEN DELE

COMPRENSIÓN DE LECTURA

A continuación, vas a leer tres textos en los que unas personas hablan sobre algo importante en su vida. Después, relaciona las preguntas, 1 a 6, con los textos, *a*, *b* o *c*.

	a. Paloma	b. Pelayo	c. Penélope
1. ¿Qué persona dice que ha pasado unos días fuera de casa?			
2. ¿Para qué persona es importante el interior de una casa?			
3. ¿Qué persona dice que es propietaria de una vivienda?			
4. ¿Quién dice que gasta menos dinero en electricidad?			
5. ¿Qué persona dice que estuvo con un desconocido?			
6. ¿Quién dice que ha cambiado su forma de vivir?			

a. Tenía una casa llena de cosas inútiles y no me sentía bien, me ponía nerviosa ver tantos objetos, así que he transformado mi filosofía de vida y he decidido que lo mío es el minimalismo. Ahora, mi casa y yo *respiramos* mejor: tengo únicamente elementos mínimos y básicos en todas las habitaciones. Casi todo es de color blanco y gris, bueno, hay un poquito de naranja, ¡un color cálido que me encanta! Todo está en orden y armonía y tengo mucho más espacio libre. Me siento mucho mejor desde que he hecho todos estos cambios. Estoy aprendiendo a vivir con lo mínimo, y estoy completamente de acuerdo con la idea de *menos es más*.

b. Me he comprado tres contenedores de doce metros cuadrados y los he puesto en un terreno que tienen mis padres en un campo no muy lejos de la ciudad.

Montamos la casa en solo dos horas, todo fue muy rápido. Estoy muy feliz en mi nueva casa contenedor. No es muy grande, pero es una forma barata de tener una casa propia. Tengo todo lo que necesito para pasar el fin de semana tranquilo y en un entorno natural increíble. Lo mejor de vivir aquí es que es una vivienda sostenible, utiliza paneles solares y es un gran ahorro de energía. El día que quiera cambiar de entorno la puedo transportar sin ningún problema.

c. Nunca había utilizado el *couchsurfing* para alojarme en el extranjero, pero mi primera experiencia fue muy buena. Fui a Viena y me quedé tres noches en casa de Tobías, pero no dormí en un sillón, como es lo normal, sino en una habitación enorme y muy bonita. Durante el día visitaba la ciudad sola y por las noches cenábamos juntos y hablábamos en español (él habla español perfectamente). Una noche preparó un plato austríaco típico llamado *frittatensuppe* que es una sopa de carne con crepes, ¡qué rica! El último día yo le preparé una tortilla de patatas. ¡Qué buenos recuerdos tengo de esta experiencia! Tobías es ahora un buen amigo mío.

COMPRENSIÓN AUDITIVA

A continuación, vas a escuchar seis mensajes de buzón de voz. Escucharás cada mensaje dos veces. Después, selecciona la opción correcta, *a, b* o *c*, para cada mensaje, 1 a 6.

MENSAJES

1 ¿Qué quiere Celia de Alberto?
   a. que le instale una zona verde en casa.
   b. que le ayude a instalar la terraza.
   c. que le compre cosas para el jardín.

2 ¿Para qué llama Cristian a Marcus?
   a. para informarle de que hará *couchsurfing* en su casa.
   b. para invitarle a ir con él a visitar Split.
   c. para saber si puede quedarse una noche más.

3 ¿Qué quiere Erika?
   a. cambiarse a un piso minimalista.
   b. ver más vídeos de decoración en Internet.
   c. encontrar un decorador profesional.

4 ¿Para qué llama Ricardo a Marcela?
   a. para que vaya a recoger a un chico.
   b. para pedirle que recoja un sofá.
   c. para que duerma en su casa mañana.

5 ¿Qué quiere hacer Sandra?
   a. darle el número de teléfono a Aquiles.
   b. cambiar una hora de su banco del tiempo.
   c. organizar la hora de informática.

6 ¿Qué le dice Fidel a Constanza?
   a. que se ha ido de viaje en abril.
   b. que tiene una reserva de hotel para abril.
   c. que ha reservado un masaje en un hotel.

UNIDAD 12 ¿QUÉ SENTIDO TIENE ESTO? | SECUENCIA 1

1 MIS CINCO SENTIDOS

A. Observa la infografía y escribe el nombre de cada sentido. Después, completa las frases con tus gustos personales.

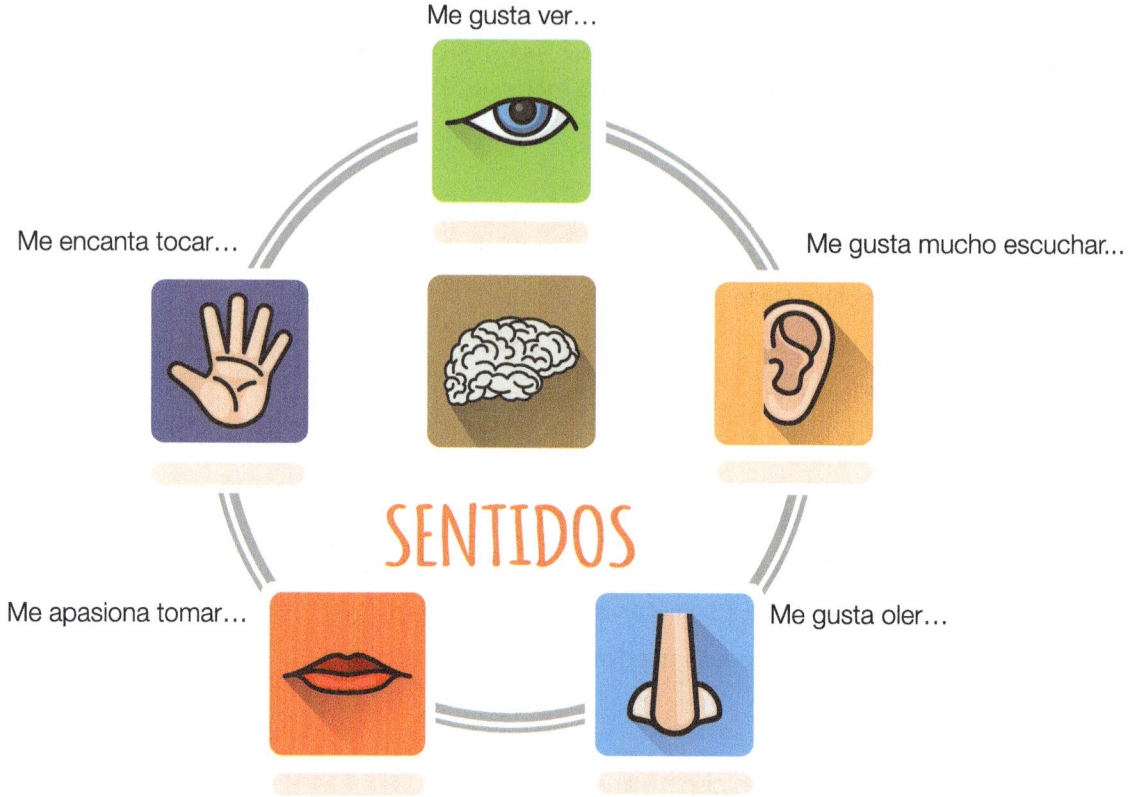

Me gusta ver…
Me encanta tocar…
Me gusta mucho escuchar…
Me apasiona tomar…
Me gusta oler…

SENTIDOS

B. Lee esta información sobre tres sabores comunes en las culturas orientales.

  a. Completa la infografía con el sabor y con los alimentos correspondientes.

  b. Añade tú un alimento a cada sabor.

STARCHY	PICANTE	ASTRINGENTE
Tenemos la impresión de tener en la boca harina. En estos alimentos hay mucho almidón.	Nos deja en la boca una sensación de fuego. Nos pica mucho la lengua.	Tenemos la sensación de tener arena en la boca y la boca seca.

salmón ahumado | champiñones | mostaza | limón | mermelada | aceitunas | anchoas | naranja
miel | alcachofas | café | vinagre | galletas | chocolate | espárragos

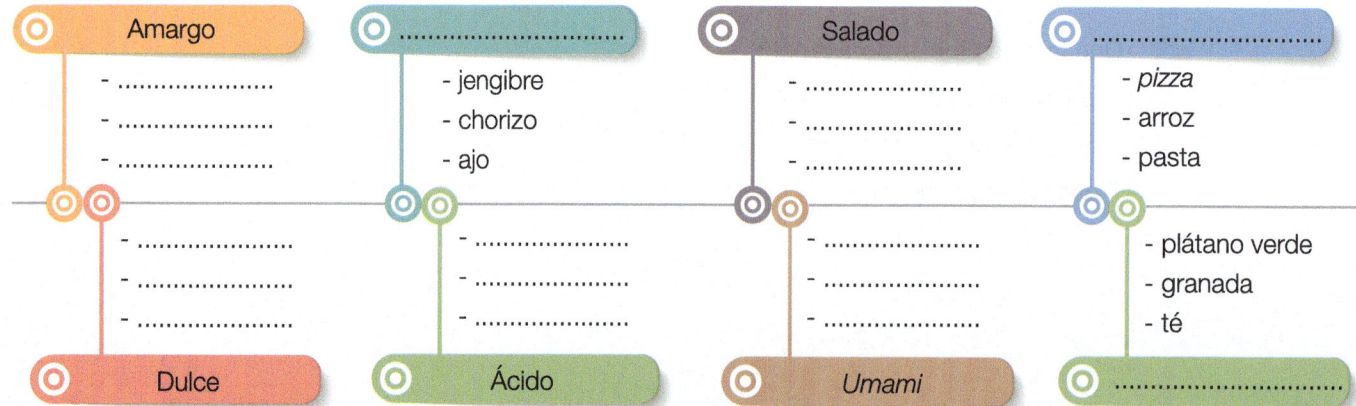

Amargo
- ....
- ....
- ....

....
- jengibre
- chorizo
- ajo

Salado
- ....
- ....
- ....

....
- pizza
- arroz
- pasta

Dulce
- ....
- ....
- ....

Ácido
- ....
- ....
- ....

Umami
- ....
- ....
- ....

....
- plátano verde
- granada
- té

C. Ahora, relaciona los sinónimos.

a. descubrir
b. oler
c. saborear
d. percibir
e. activar
f. oír

1. escuchar
2. degustar
3. ver
4. estimular
5. notar
6. olfatear

2 ACTIVANDO LOS SENTIDOS

A. ¿Recuerdas cuando usamos *ser* o *estar*? Relaciona cada frase con su uso.

a. Hoy el pan está muy crujiente.
b. Esta paella de marisco está riquísima.
c. Estas verduras son muy buenas para hacer sopa.
d. Este plato de cocido está soso.
e. El postre que has elegido es gelatinoso.
f. La sal es mala para la salud.

1. hablar de la calidad de algo.
2. describir el estado de una comida.
3. describir características.

B. Ahora, lee las frases y elige la opción correcta, *ser* o *estar*.

a. Hoy estas patatas *son/están* muy crujientes.
b. La carne de esta hamburguesa *está/es* cruda.
c. Este plato de lentejas *está/es* muy frío.
d. Las zanahorias *están/son* ricas en vitaminas.
e. El jengibre *es/está* un buen antioxidante.
f. Este huevo no *es/está* duro.

C. Observa estas imágenes. ¿Sabes cómo se llama cada alimento?

a. Asocia a cada una de ellas con dos de estos adjetivos. Hay varias opciones.

crudo | blando | dulce | frío | salado | crujiente | duro | gelatinoso | caliente | helado

....
....

b. Escribe frases con *ser* y con *estar* según los adjetivos que has asociado a cada imagen, como en el ejemplo.

a. *Las palomitas son muy crujientes, pero están muy saladas.*
b. ....
c. ....
d. ....
e. ....

UNIDAD 12 ¿QUÉ SENTIDO TIENE ESTO? | SECUENCIA 2

1 CIUDADES DEL MUNDO

A. El blog *Viaja&Viaja* presenta cuatro ciudades muy diferentes.

a. Lee la información y subraya las frases que tienen un cuantificador (*muchos, pocos,* etc.).

b. Escribe, al lado de cada frase que has subrayado, uno de estos adjetivos según el sentido de esa frase, como en el modelo.

luminosa | ventosa | antigua | turística | alegre | *cosmopolita* | histórica | natural | cultural | colorida | viva | heterogénea

Viaja viaja

a. A Santiago de Compostela llega una variedad de personas de muchos lugares (*cosmopolita*). La mayoría de los edificios del centro histórico tienen algo especial (....................). Gran parte de los edificios son iglesias, palacios y conventos (....................).

b. Cádiz es la joya de Andalucía. Pocas ciudades en Europa tienen tantos años como ella (....................) y pocos carnavales son tan conocidos como los de esta bella ciudad (....................). Es una ciudad con mucha luz (....................).

c. Una gran parte de la arquitectura de La Habana es una mezcla de estilo colonial y moderno (....................). Es una ciudad con un montón de vida (....................) y una gran variedad de colores (....................).

d. Situada en Argentina, Ushuaia significa *bahía profunda*. Un montón de turistas visita cada año esta ciudad (....................) que cuenta con muchos espacios verdes y montañas nevadas (....................). Gran parte del tiempo hace mucho viento (....................).

B. Ahora, observa estas imágenes de Cartagena de Indias en Colombia. Escribe un texto similar al del ejercicio anterior.

....
....

2 AQUÍ NO SE PUEDE

A. Tres personas comentan lo que está prohibido en sus ciudades.

a. Lee lo que dicen y contesta la pregunta: ¿cuándo se usa infinitivo o subjuntivo al hablar de prohibiciones? Explícalo.

a Raúl

En Barcelona está prohibido que las personas aparquen los patines eléctricos en los lugares no destinados para ello. También está prohibido superar los 30 km/h.

b Ricardo

En Bilbao no se puede hacer botellón (beber alcohol) ni poner redes de voleibol o porterías de fútbol en los parques públicos.

c Rita

En Sevilla está prohibido que los ciudadanos den de comer a los animales (patos, palomas, etc.) que hay en los parques o jardines.

b. ¿Qué te parecen las prohibiciones anteriores? ¿Es igual en tu ciudad? Escribe un breve texto explicando alguna.

B. Lee este cartel sobre las obligaciones y prohibiciones en un centro de exámenes y complétalo con el verbo adecuado en infinitivo o subjuntivo.

preguntar | responder | escribir | llevar | llegar | hablar | mirar

EXÁMENES

a. Es obligatorio que los estudiantes .... diez minutos antes.

b. No está permitido..................... con el compañero.

c. Está absolutamente prohibido .... un reloj inteligente.

d. No está permitido que los estudiantes .... al profesor.

e. Se debe .... con una buena letra.

f. No se puede .... al compañero de al lado.

g. Es obligatorio que los estudiantes .... a todas las preguntas.

C. Observa las imágenes y escribe una obligación o una prohibición para cada una.

a. *No está permitido* ....

b. ....

c. ....

UNIDAD 12 — ¿QUÉ SENTIDO TIENE ESTO? | SECUENCIA 3

1 ¿ESCRIBIMOS UN TUIT?

A. En un blog sobre escritura tenemos varios consejos para escribir un tuit. Léelos y marca la palabra adecuada.

CÓMO HACER UN TUIT PERFECTO

a. Escribe menos de 100 letras/caracteres.
b. Deja espacio para los comentarios/detalles.
c. Usa el *tú* o la tercera amiga/persona, pero nunca el *yo*.
d. Usa *hashtags*/pegatinas que estén relacionados, pero sin abusar.
e. Cuida la ortografía/plataforma y no repitas ideas/información.
f. Cita la persona/fuente de donde tomas los objetos/contenidos.
g. Pon imágenes de talla/tamaño de 1.024 x 512 px.
h. No abuses citando a otros usuarios/conectados.
i. Incluye un enlace/sitio y tu SMS/tuit será publicado más veces.

B. Lee estos tuits y complétalos con algunas de estas palabras. Después, indica si han seguido las recomendaciones del ejercicio anterior.

Iberoamérica | especial | gastronómica | producto | fuegos | semana | Canción | fiesta
primavera | espectáculo | desfile | recetas | gratis | música

Patricia @lince — Seguir

¡Una .... de buena .... en la Región de Valparaíso en #ViñadelMar en Chile! Del 23 al 28 de febrero ven a disfrutar del #Festivaldeviña. El Festival Internacional de la .... más grande e importante de .... ¡No te lo pierdas y ven a estas noches de ....!
https://www.festivaldevina.cl

10:45 - 17 feb. 2020
7.560 Retweets
✉ 63   ⟲ 7 k   ♡ 19 k   🔔 23 k

Pilar @pilim — Seguir

¡Un sábado .... en la preciosa ciudad de #Murcia! El 25 de abril se celebra la .... del #EntierroSardina. .... a partir de las 20:00. A la 01:00 #quemasardina y a la 01:15 .... artificiales. ¡Es una .... única! ¡No dejes de venir!
https://entierrodelasardina.es/

07:00 - 20 abr. 2020
157.362 Retweets
✉ 50   ⟲ 5 k   ♡ 12 k   🔔 23 k

2 ¿TE HAS ENTERADO?

A. Roberto quiere saber qué información conoces. ¿Puedes completar sus preguntas con *lo que / lo de / lo de que*?

a. ¿Te has enterado de .... pasó ayer en el metro?
b. ¿Has visto .... la nueva prohibición en los museos?
c. ¿Has leído .... el confinamiento de la población?
d. ¿Te has enterado de .... la nueva película de Amenábar?
e. ¿Has leído .... ha dimitido el presidente?
f. ¿Has visto .... se cierra la Plaza Mayor al público?

B. Lee esta información y haz preguntas utilizando las expresiones para referirse a un tema conocido.

a.
- Ministerio de Salud
- Nueva enfermedad
- COVID-19
- China

b.
- Nueva versión
- Canción
- *Resistiré*
- Dúo Dinámico

c.
- Koalas y canguros
- Australia
- Incendio
- Verano

a. *¿Has visto/leído* ....
b. ....
c. ....

3 ¿QUÉ HACEMOS?

A. Dos amigos se escriben SMS para quedar.

a. Lee y ordena el diálogo.

b. Después, complétalo con estos adverbios relativos.

Lo que quieras | como prefieras | Donde tú prefieras | lo que digas | donde digas | al que quieras

Plan para esta noche
Maya, Aarón

1 **Maya:** A ver, Aarón, ¿qué hacemos esta noche?
Aarón: Vale, ☺.
Maya: Hum… En la puerta del cine Rex. Yo compro las entradas.
Aarón: Ya, pero sabes que …………….. y …………….. a mí siempre me parece bien.
Aarón: Perfecto, …………………… ¿Dónde quedamos?
Aarón: Vale, ……………………, y yo te invito a cenar. ¿Dónde quieres cenar?
Maya: Sí, sí, esa ☺. Las críticas son muy buenas. ¿Vamos al pase de las 21:00?
Aarón: ……………………, a mí me da igual ☺.
Maya: Entonces… ¿te parece bien si vamos a ver la última peli de Isabel Coixet?
Maya: ……………………. Te dejo a ti decidir.
Maya: Siempre me respondes lo mismo y tengo siempre que decidir yo…
Aarón: *¿Nieva en Benidorm?*, ¿a qué sesión vamos?

Escribe un mensaje

B. Escribe la pregunta o la respuesta que falta utilizando los adverbios relativos cuando sea necesario.

a. ……………………………………….…... . Quedamos a las 17:00.
b. ¿Vamos a Zamora este finde? …………………………………………
c. …………………………………………. En la boca del metro.
d. ¿Cenamos en un chino? …………………………………………
e. …………………………………….…… . Vemos series en casa.
f. ¿Quieres venir de viaje conmigo? …………………………………………

UNIDAD 12 | EXAMEN DELE

COMPRENSIÓN DE LECTURA

A continuación, vas a leer un correo que Flor le ha escrito a Moisés. Después, elige la opción correcta, *a, b* o *c*, para completar los huecos, 1 a 6.

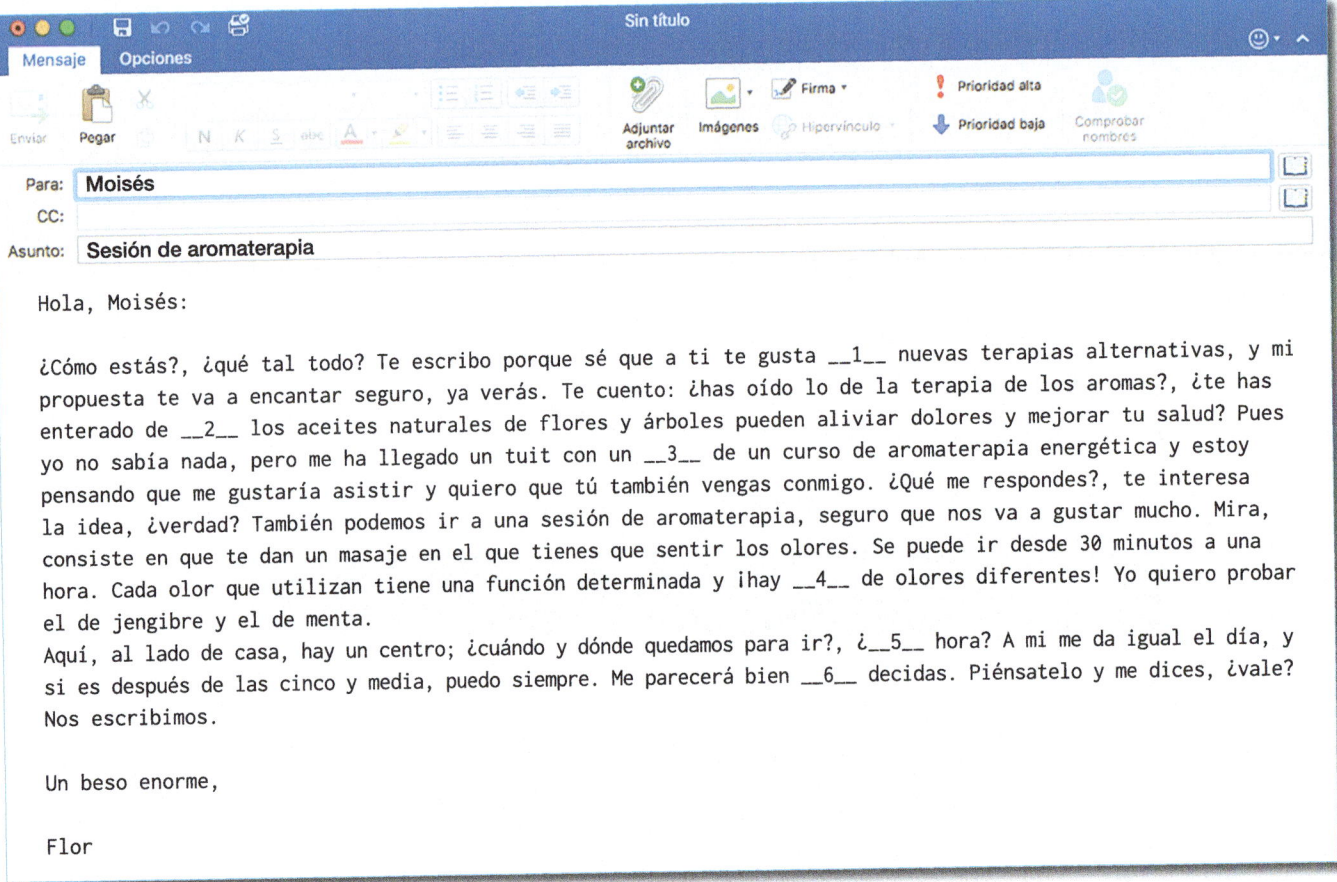

Asunto: Sesión de aromaterapia

Hola, Moisés:

¿Cómo estás?, ¿qué tal todo? Te escribo porque sé que a ti te gusta __1__ nuevas terapias alternativas, y mi propuesta te va a encantar seguro, ya verás. Te cuento: ¿has oído lo de la terapia de los aromas?, ¿te has enterado de __2__ los aceites naturales de flores y árboles pueden aliviar dolores y mejorar tu salud? Pues yo no sabía nada, pero me ha llegado un tuit con un __3__ de un curso de aromaterapia energética y estoy pensando que me gustaría asistir y quiero que tú también vengas conmigo. ¿Qué me respondes?, te interesa la idea, ¿verdad? También podemos ir a una sesión de aromaterapia, seguro que nos va a gustar mucho. Mira, consiste en que te dan un masaje en el que tienes que sentir los olores. Se puede ir desde 30 minutos a una hora. Cada olor que utilizan tiene una función determinada y ¡hay __4__ de olores diferentes! Yo quiero probar el de jengibre y el de menta.

Aquí, al lado de casa, hay un centro; ¿cuándo y dónde quedamos para ir?, ¿__5__ hora? A mi me da igual el día, y si es después de las cinco y media, puedo siempre. Me parecerá bien __6__ decidas. Piénsatelo y me dices, ¿vale? Nos escribimos.

Un beso enorme,

Flor

OPCIONES

1 a. saborear b. descubrir c. oler

2 a. lo de b. lo de que c. muchos

3 a. *hashtag* b. SMS c. *e-mail*

4 a. gran parte b. la mayoría c. un montón

5 a. adónde b. cuándo c. a qué

6 a. lo que b. donde c. como

COMPRENSIÓN AUDITIVA

A continuación, vas a escuchar seis mensajes de buzón de voz. Escucharás cada mensaje dos veces. Selecciona la opción correcta, *a, b* o *c*, para cada mensaje, 1 a 6.

MENSAJES

1 ¿Para qué llama Jorge a María?
   a. para hablarle de una experiencia única.
   b. para disculparse por no llamar nunca.
   c. para proponerle ir a un restaurante juntos.

2 ¿Qué quiere hacer Ruth?
   a. ir a una agencia de viajes.
   b. reservar un viaje.
   c. viajar a Egipto en invierno.

3 ¿Qué quiere Beatriz de Nicolás?
   a. que vaya con Raquel a la sesión de musicoterapia.
   b. saber si quiere asistir a una sesión de musicoterapia.
   c. preguntarle si puede salir con ella el miércoles.

4 ¿Qué le gusta a Damián?
   a. degustar comidas con mucho sabor.
   b. probar sabores con poca intensidad.
   c. comer en restaurantes asiáticos.

5 ¿Qué le recuerda Neus a Miguel?
   a. que faltan cuatro semanas para su viaje.
   b. que no hay guías en el Machu Picchu.
   c. que tienen una reserva juntos.

6 ¿De qué se ha enterado Julia?
   a. de un problema de salud que afecta al oído.
   b. de un tema que no es grave, pero sí peligroso.
   c. de una noticia que le da mucho miedo.

UNIDAD 13 ¿CÓMO SERÁ NUESTRO FUTURO? | SECUENCIA 1

1 REVOLUCIONES INDUSTRIALES

A. En esta infografía aparecen diferentes revoluciones industriales que han tenido lugar a lo largo de la historia.

a. Lee los textos y complétalos con la palabra correcta.

máquinas | innovaciones | personas | tecnológica | robots | Internet | transición | industrialización
tecnologías | agrícola | redes | industrial

 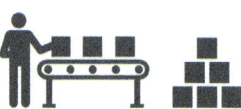  

a
Las invenciones de esta revolución cambiaron la forma en la que las personas entendían el mundo.
Fue un periodo de .... de la economía .... a la economía comercial e ....

b
A esta época también se la conoce como revolución ....
Durante esos años se produjo una rápida .... y muchas de las .... son realmente modificaciones de la revolución anterior.

c
Se la conoce también como revolución científico-tecnológica. Está relacionada con los nuevos medios de comunicación, las ...., la llegada de .... y las .... sociales, y todo esto está unido a la globalización.

d
Estamos empezando a vivirla en este momento. En esta revolución las .... están muy presentes y los .... podrían reemplazar el trabajo de las .... en un futuro muy próximo.

b. Busca en los textos anteriores sinónimos de estas palabras.

a. cambio: ....
b. avance: ....
c. cambiar: ....
d. comprender: ....
e. cercano: ....
f. asociar: ....
g. época: ....
h. elaborar: ....

c. ¿Puedes relacionar estas invenciones con la revolución a la que pertenecen?

bombilla | ordenador | máquina de vapor | robots | telégrafo | ferrocarril
móvil | cine | fibra óptica | vacuna | Internet | radio

2 LOS ROBOTS YA ESTÁN AQUÍ

A. Las siguientes expresiones de hipótesis pueden ir con indicativo y/o con subjuntivo.

a. Clasifica cada expresión en el lugar adecuado.

puede que… | probablemente… | a lo mejor… | es probable que… | tal vez… | posiblemente… | es posible que… | quizás…

indicativo	indicativo y subjuntivo	subjuntivo

b. Ahora, completa con indicativo o subjuntivo estas opiniones sobre los robots.

a. Es posible que todos .... (tener) un dron en casa.
b. Puede que en 2050 la humanidad .... (utilizar) el 6G.
c. Posiblemente, las máquinas .... (facilitar) más nuestra vida.
d. Tal vez mi nieto .... (conocer) la quinta revolución industrial.
e. A lo mejor los robots .... (sustituir) a los humanos en las empresas.
f. Probablemente, todos nuestros electrodomésticos .... (estar) conectados.
g. Es probable que en veinte años todos los coches .... (ser) autónomos.

B. ¿Cómo crees que serán? Observa las imágenes y escribe hipótesis en futuro.

a. .... b. .... c. ....

C. En la revista *Robotic-A* hay una entrevista a Andrés Garcerán, experto en robótica.

a. Léela y completa con estas preguntas.
b. Lee de nuevo la entrevista y elige el término adecuado.

¿es probable que los robots sustituyan a los hombres en el trabajo?
¿El primer robot en el siglo IV a. C.?
¿cuándo apareció el primer robot?
¿es posible que los hombres pierdan su trabajo y sean solo los robots los que trabajen?
¿nos podría decir qué es realmente un robot?

Robotic-A
Entrevista

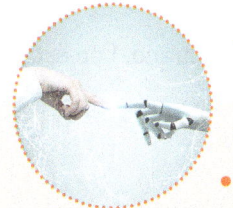

• Andrés, usted sabe mucho de robots, ...

• Pues es un mecanismo/mueble que puede realizar gestos/acciones por sí solo. El nombre procede de una obra/producción de teatro checa de 1920 en la que se utilizó este término que en checo significa *trabajo forzado*.

• ¡Qué curioso! Díganos ....

• Bueno, los más modernos se desarrollaron en el siglo XX y exactamente en 1954 se creó a Unimate el primer robot controlado manualmente/digitalmente, pero ya en el siglo IV a. C. un matemático/filósofo griego creó la primera forma/máquina que imitaba los movimientos de un ser vivo/animal: una paloma mecánica que funcionaba con electricidad/vapor.

• ...., ¡es increíble!

• Así es. Lo cierto es que el uso de robots está presente en nuestra vida normal/cotidiana. En muchas casas y fábricas hay robots que trabajan para nosotros.

• Es cierto, muchas veces olvidamos que los robots ya están entre nosotros. Andrés, si hablamos del futuro, ...

• Bueno, puede que convivamos con los robots en casa/hogar, en los hospitales, en las tiendas y posiblemente tengamos que acostumbrarnos a aceptarlos como parte/objeto de nuestra cuarta revolución tecnológica.

• Pero, ...

• Está claro que muchos oficios desaparecerán y que tendremos que convivir en armonía/igualdad con estos autómatas, pero sin olvidar que deben estar a nuestro oficio/servicio siempre.

• Muchas gracias, Andrés. A lo mejor la próxima entrevista se la hace un robot.

UNIDAD 13 ¿CÓMO SERÁ NUESTRO FUTURO? | SECUENCIA 2

1 LA CASA INTELIGENTE

A. La revista *Intel-Home* explica qué es una casa inteligente. Lee el texto y complétalo con las palabras siguientes.

distancia | electrodomésticos | sistemas | domóticas | remota | voz
dispositivos | climatización | hogar | órdenes | mando | altavoz

CASA INTELIGENTE

Las casas inteligentes, también llamadas casas .... o *smart home,* están muy de moda, ya que benefician a la economía doméstica, pero ¿qué es una casa inteligente?, ¿qué debe tener para ser considerada inteligente?

En primer lugar, algunos elementos como la ...., los ...., la iluminación, etc. deben estar conectados entre sí a Internet y deben poder controlarse a .... a través de un ...., un *smartphone,* un .... o un ordenador.

Si podemos controlar los .... tecnológicos de nuestra vivienda de manera .... o bien programarlos para que funcionen solos, entonces podemos afirmar que tenemos una casa inteligente.

Muchas empresas venden ya altavoces inteligentes que además de usarse para escuchar música sirven para conectarse a los .... inteligentes del ....
Además, a partir de ahora, podremos controlarlos por .... Daremos .... de lo que queremos diciéndoselo al altavoz que se ocupará de dárselas al objeto conectado.

B. Violeta y Víctor hablan de la casa inteligente. Violeta es muy positiva y Víctor todo lo contrario. Lee estas frases y decide si las dice Violeta o Víctor.

a. Nuestra casa responde rápidamente a nuestros deseos.

b. La casa está protegida de problemas de agua y robos.

c. Nuestro sistema informático puede ser hackeado.

d. La conexión a Internet puede ser lenta o funcionar mal.

e. El ahorro energético es muy importante.

f. La inversión inicial puede ser muy cara.

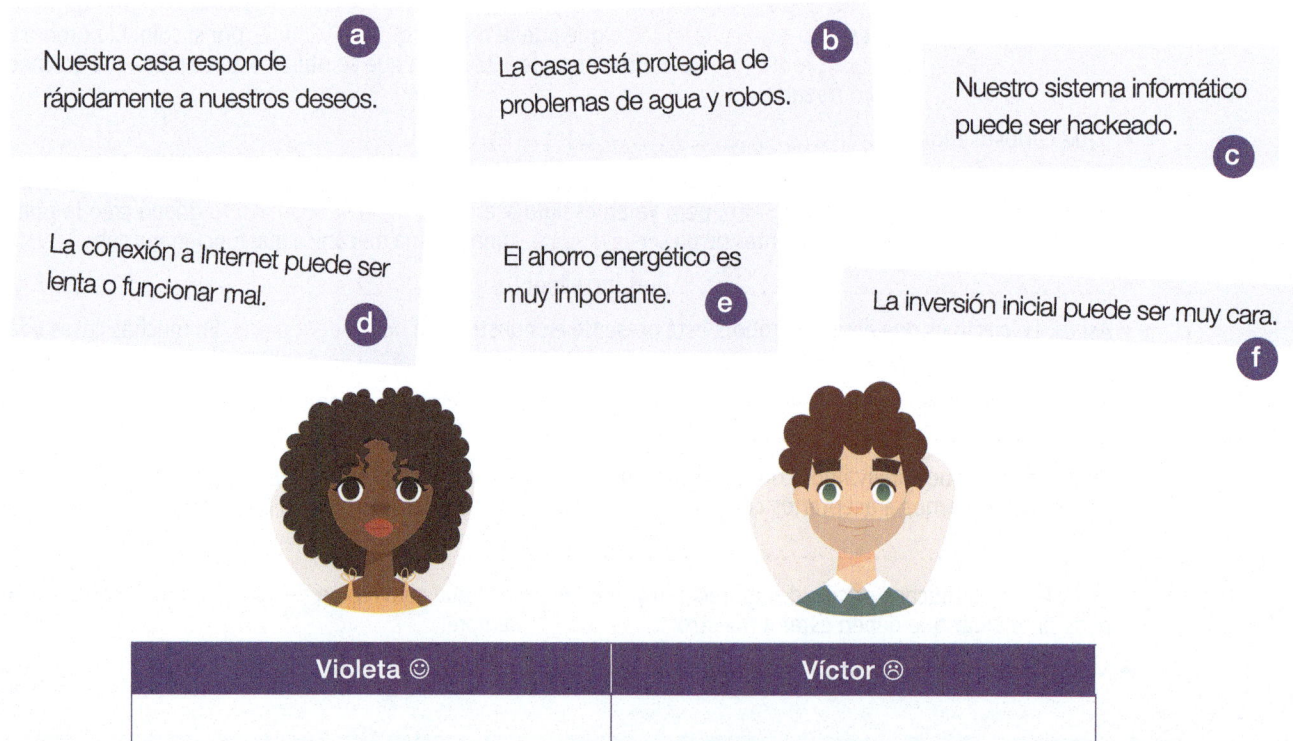

Violeta ☺	Víctor ☹

C. Violeta quiere convertir su hogar en una casa inteligente y consulta el blog *Intel-Home* para saber qué va a necesitar.

a. Lee la información e indica a cuál de estos objetos se refiere.

bombilla | frigorífico | enchufe | lavadora | cerradura | persiana

a. Te ayuda en tus compras, ya que te permite ver lo que hay en su interior desde tu móvil.
Precio: a partir de 3.000 euros.
....

b. Es una luz led que se conecta a nuestro *smartphone*, y puedes encenderla y apagarla cuando quieres.
Precio: a partir de 10 euros.
....

c. Se utiliza para abrir y cerrar la puerta de nuestra casa a distancia utilizando un código PIN o una contraseña.
Precio: a partir de 100 euros.
....

d. Se ocupa de controlar y elegir la cantidad de luz que deseas que entre en tu casa.
Precio: a partir de 60 euros.
....

e. Se conecta por wifi, tiene programas de lavado inteligentes y puede programarse en diferido.
Precio: a partir de 350 euros.
....

f. Sirve para poder controlar cuándo funcionan o no los aparatos que están conectados a él.
Precio: entre 10 y 30 euros.
....

b. Algunos usuarios han opinado sobre los objetos anteriores. Lee qué han escrito y completa con los pronombres con preposición adecuados.

a. ...., el precio de ese frigorífico es una locura. No lo compraré.

b. Hay lavadoras más baratas. Creo que puedo vivir perfectamente ....

c. El enchufe es bastante barato y .... ahorraré en energía.

d. Pensaba que eran más caras. .... mi consumo eléctrico será más responsable.

e. .... en casa gestionaré mejor la luz de las habitaciones.

f. Pienso que .... la puerta de mi casa estará más segura.

D. Lee estas frases y elige el pronombre con preposición adecuado.

a. ¿Vas a comprar la bombilla inteligente? *Sin/Con* ella vas a ahorrar electricidad.
b. Te presto mi robot-aspiradora, *contigo/conmigo* estará bien cuidado.
c. ¿Te vienes *conmigo/contigo* a comprar un enchufe inteligente?
d. Mi frigorífico inteligente se ha estropeado. *Con/Sin* él hacer la compra será difícil.
e. María, esta lavadora inteligente es perfecta *para/con* ti.
f. La cerradura cuesta 150 euros y es muy cara *en/para* mí.

UNIDAD 13 ¿CÓMO SERÁ NUESTRO FUTURO? | SECUENCIA 3

1 OBJETOS E INVENCIONES

A. Cuando hablamos de objetos, podemos decir muchas cosas. Lee las frases y clasifícalas en la tabla.

consume poca energía | es de acero y cuero | sirve para cocinar | es fácil de usar | se conecta a Internet
es pequeño y cuadrado | va con pilas | es resistente al agua | ocupa poco espacio | lleva un altavoz

utilidad	funcionamiento	características	dimensiones	aspecto

B. Pablo ha comprado un cubo de basura inteligente. Lee la descripción que hace y complétala con la información adecuada.

resistente | ser fácil | llevar | consumir | acero inoxidable | tener | conectarse | sirve para

Me he comprado un nuevo objeto para la cocina. ¡Un cubo de basura inteligente! Obviamente, ……………… poner la basura, ja, ja, ja, pero ¿qué tiene diferente este cubo de otros? Pues, como su nombre indica, es inteligente. ……………… una batería que se recarga con electricidad pero que no ……………… mucha. La batería dura tres meses. ……………… al wifi de mi móvil y al rúter de casa, además, ……………… de usar. Parece un cubo normal, pero la diferencia es que tiene un sensor que obedece órdenes, abre y cierra la tapa sin tener que tocarlo. ……………… un micrófono incorporado. Es de ……………… y es muy ……………… . Me encanta.

2 INVENTOS ESPAÑOLES

A. Manuel Jalón Corominas fue un gran inventor español. Aquí tienes dos de sus grandes aportaciones a la sociedad.

a. Lee el texto *a* y complétalo con las palabras adecuadas.
b. Después, completa el texto *b*.

espacio | sangre | resistente | plástico

a

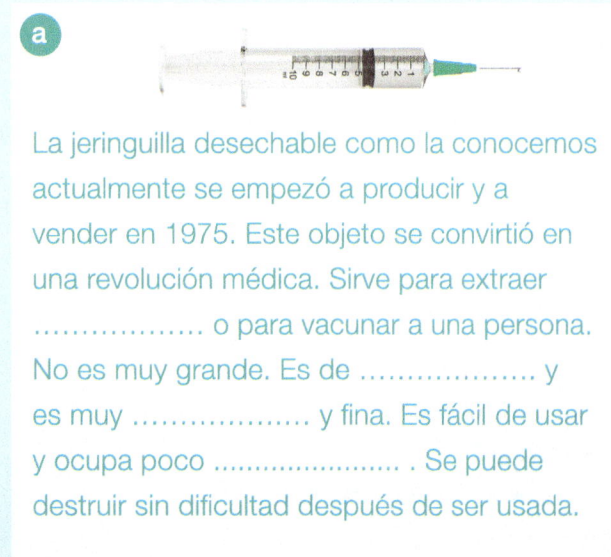

La jeringuilla desechable como la conocemos actualmente se empezó a producir y a vender en 1975. Este objeto se convirtió en una revolución médica. Sirve para extraer ……………… o para vacunar a una persona. No es muy grande. Es de ……………… y es muy ……………… y fina. Es fácil de usar y ocupa poco ……………… . Se puede destruir sin dificultad después de ser usada.

b

- Alrededor de 1956.
- Su primer nombre: friegasuelos y después, el de fregona.
- Se usa para…
- Funciona con…
- Sus características son…
- Sus dimensiones…
- Tiene un aspecto…

B. En la página web *Inventix* hay un reportaje sobre inventos españoles.

a. Antes de leerlo, marca si crees que estas afirmaciones son verdaderas o falsas. Después, lee el texto y comprueba tus respuestas.

	antes	después
	V F	V F
a. Dalí fue el inventor del famoso caramelo con palo.	☐ ☐	☐ ☐
b. El futbolín es un invento español.	☐ ☐	☐ ☐
c. Juan de la Cierva fue un gran inventor.	☐ ☐	☐ ☐
d. Cada inventor tiene un día especial.	☐ ☐	☐ ☐

INVENTIX

¿Sabes que España ha sido un país de grandes inventores? Algunos españoles con sus invenciones cambiaron, de alguna manera, la historia de la humanidad. El primer caramelo con palo Chupa Chups, que tiene un logotipo hecho por Salvador Dalí, el submarino de Isaac Peral, que está en el puerto de Cartagena, el primer libro electrónico, el teleférico y el autogiro de Juan de la Cierva fueron algunos de los inventos más conocidos internacionalmente. Cada 9 de noviembre se celebra el Día del Inventor.

b. Lee estas frases y asócialas con el invento correspondiente. Después ordénalas para formar el texto completo de cada invento.

1 Construyó una mesa y unas figuras de jugadores de madera.

2 Es fácil relacionar letras de forma vertical, horizontal o diagonal y también de derecha a izquierda o viceversa.

3 En 1937 Alejandro Campos Ramírez mezcló sus dos pasiones: el fútbol y el tenis de mesa.

4 La sopa de letras fue inventada por Pedo Ocón de Oro en 1976.

5 Este invento ha recibido muchos nombres, *metegol, futillo, babyfoot*, pero es conocido como futbolín.

6 Es un pasatiempo que consiste en relacionar letras y formar palabras con una misma temática.

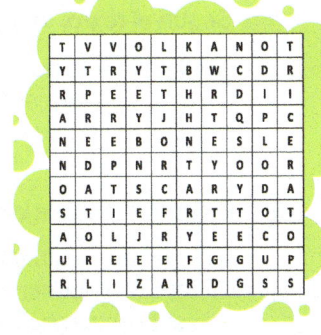

UNIDAD 13 | EXAMEN DELE

COMPRENSIÓN DE LECTURA

A continuación, vas a leer un texto sobre la tecnología 5G. Después, elige la opción correcta, *a*, *b* o *c*, para las preguntas, 1 a 6.

Tecnología 5G

De la misma manera que ha pasado con muchos otros avances tecnológicos, el 5G ya está aquí. La implantación de la red móvil de quinta generación cambiará nuestra manera de comunicarnos, multiplicará la capacidad de las autopistas de la información y posibilitará, gracias al fenómeno de la llegada del Internet de las cosas, que los objetos cotidianos, desde el frigorífico hasta los automóviles puedan conectarse con nosotros y también entre ellos en tiempo real. Esta revolución permitirá, entre otras cosas, realizar intervenciones quirúrgicas a distancia, coordinar trabajos en el campo y poner en funcionamiento vehículos autónomos. Pero ¿qué es exactamente la 5G y en qué consiste? Esta denominación se refiere a la quinta generación de redes móviles que conocemos.

Al principio, teníamos la antigua red 1G que solo nos permitía hablar; después, pasamos a la tecnología 2G (1991) que ya introdujo los SMS en nuestros dispositivos móviles; un poco más tarde, en 1998, apareció la conexión a Internet 3G; diez años después, llegó la banda ancha 4G en la que nos encontramos, pero ya a medio camino a la 5G. Lo más significativo será no solo la posibilidad de reproducir vídeos a tiempo real y el uso de la realidad aumentada, sino también la velocidad de navegación: hasta a 10 GB ps (*gigabytes* por segundo), es decir, 10 veces más rápido de lo que podemos hacerlo hasta este momento. Esto nos permitirá descargar una película completa en solo unos segundos.

Otra de las ventajas de esta velocidad será que podremos conectarnos a tiempo real minimizando, así, los tiempos de respuesta entre los objetos y nosotros. Podremos conectarnos a más dispositivos, por ejemplo, a nuestra lavadora, frigorífico, robot-aspiradora, autobuses, compartir información a tiempo real en todo momento.

Tanta conectividad tecnológica puede parecernos peligrosa, ¿verdad? y la respuesta desgraciadamente es sí. La OMS calificó la tecnología inalámbrica como posiblemente cancerígena al nivel 2B. Según la organización mundial de la salud, hay, en esta nueva tecnología, compuestos que se podrían calificar como carcinógenos para los seres humanos. En esta misma categoría de compuestos, se incluyen sustancias nocivas como el café. Los estudios realizados hasta el momento por la OMS no muestran que la exposición ambiental a los campos de radiofrecuencia a la 5G aumente el riesgo de padecer cáncer u otro tipo de enfermedad, pero es cierto que hasta este momento la implantación de esta nueva tecnología se está haciendo sin evaluar los efectos sanitarios y ambientales. Muchos científicos piden precaución.

Adaptado de www.nationalgeographic.com

PREGUNTAS

1 Según el texto, la 5G unirá…
   a. únicamente cosas con personas.
   b. personas con cosas y cosas con cosas.
   c. solo electrodomésticos entre sí.

2 El texto informa de que la 5G posibilitará…
   a. trabajar en diferentes huertos privados.
   b. intervenir a pacientes en otro lugar.
   c. hacer funcionar nuestro coche.

3 Según el texto, la 5G es la primera que…
   a. admite el envío de SMS en los móviles.
   b. facilita los enlaces entre las redes.
   c. posibilita la conectividad en tiempo real.

4 Según el texto, la red informática llegó con la…
   a. 2G.
   b. 3G.
   c. 4G.

5 Según el texto, lo más importante de la 5G es…
   a. el visionado de películas.
   b. el tiempo de espera.
   c. la rapidez para navegar.

6 El texto afirma que la tecnología sin cables puede…
   a. contener sustancias excitantes como el café.
   b. tener componentes saludables.
   c. ser el origen de algunos problemas de salud.

COMPRENSIÓN AUDITIVA

🔊 A continuación, vas a escuchar seis noticias sobre actualidad tecnológica de un programa radiofónico. Escucharás el programa dos veces. Después, selecciona la opción correcta, *a, b* o *c,* para cada noticia, 1 a 6.

NOTICIAS

1 Según el audio, Fintonic es una aplicación española…
   a. para economizar dinero y tiempo.
   b. de instalación completamente gratis.
   c. usada solo para un tipo de móvil.

2 En el audio informan de que las nanopartículas…
   a. están presentes en algunas galletas o helados.
   b. son partículas adictivas que provocan alergias.
   c. pueden causar graves problemas en la salud.

3 Según la audición, Climate 360 es…
   a. el invento tecnológico premiado en EE. UU.
   b. un objeto inteligente de origen americano.
   c. una cama creada en Las Vegas que te despierta.

4 Según el audio, las neveras con inteligencia artificial…
   a. todavía no se pueden comprar en España.
   b. controlan los alimentos que hay en su interior.
   c. hacen semanalmente la lista de la compra.

5 Según la grabación, los españoles son una sociedad que…
   a. no economiza demasiado.
   b. ahorra 95 euros al mes.
   c. economiza un 5 % de su salario.

6 Según los expertos, la quinta revolución…
   a. apenas convivirá con la cuarta.
   b. tardará tiempo en implantarse.
   c. facilitará que las personas sean más felices.

UNIDAD 14 ¿QUÉ SABES DE ESPAÑA? | SECUENCIA 1

1 COMUNIDADES AUTÓNOMAS

A. España se organiza en comunidades autónomas, pero ¿qué sabes de ellas?

a. Lee este texto y responde a las preguntas.

ESPAÑA Y SUS AUTONOMÍAS

El territorio español se organiza en 17 comunidades autónomas y 2 ciudades autónomas: Ceuta y Melilla.

El sistema constitucional español reconoce la autonomía de sus territorios, esto significa que cada comunidad autónoma tiene la capacidad o la autoridad para ocuparse de una serie de competencias o responsabilidades, como, por ejemplo, en educación en el sistema de salud, cultura y lengua, patrimonio, asistencia social, protección del medioambiente, transporte público, agricultura, etc. También tienen autonomía política, pueden aprobar leyes y realizar tareas ejecutivas, y autonomía financiera, aunque sus ingresos dependen en parte del Estado, en parte de sus recursos propios y de los impuestos que obtienen.

En la Constitución están los estatutos de autonomía o normas institucionales básicas de cada comunidad autónoma. Allí se recogen las competencias que pueden ser asumidas por las comunidades autónomas y las que corresponden al Estado exclusivamente.

Además, en los estatutos de autonomía se establecen las siguientes lenguas oficiales, cooficiales junto al español, en sus respectivos territorios: el euskera o vascuence (vasco), en el País Vasco y en las zonas vascoparlantes de Navarra; el catalán en Cataluña y el gallego en Galicia.

Junto con el español, el artículo 3 de la Constitución reconoce que la riqueza de las distintas modalidades lingüísticas de España es un patrimonio cultural que hay que proteger y respetar.

a. ¿Cómo podemos definir una comunidad autónoma? ....
b. ¿Qué competencias puede tener? ....
c. ¿Cuántas lenguas oficiales hay en España? ....

b. Lee estas definiciones y complétalas con una palabra del texto.

a. Extensión de tierra: ....
b. Conjunto de leyes y normas propias: ....
c. Que comparte la categoría de oficial: ....
d. Otras formas de llamar al euskera: ....
e. Dinero que se recibe: ....
f. Dinero que se paga a la Administración Pública: ....

c. **Este es el mapa de España con el nombre de algunas comunidades autónomas. Complétalo con el nombre de las que faltan.**

Andalucía
✓ Aragón
Principado de Asturias
✓ Islas Baleares
✓ Canarias
✓ Cantabria
Castilla-La Mancha
✓ Castilla y León
Cataluña
✓ Comunidad Valenciana
Extremadura
✓ Galicia
✓ La Rioja
Comunidad de Madrid
✓ Región de Murcia
✓ Comunidad Foral de Navarra
País Vasco
✓ Ceuta
Melilla

2 CUESTIONES POLÍTICAS

A. Lee estas frases relacionadas con el sistema político español y escríbelas en voz pasiva.

a. El rey representa la monarquía parlamentaria. *La monarquía parlamentaria está representada por el rey.*
b. Los españoles aprobaron la Constitución española en 1978. ....
c. El poder judicial garantizará el cumplimiento de las leyes. ....
d. Los ciudadanos elegirán diputados y senadores para sus cámaras. ....
e. Los jueces y magistrados componen el poder judicial. ....
f. Algunos españoles hablan dos lenguas oficiales. ....
g. El Gobierno representa el poder ejecutivo. ....

B. Ahora, haz la transformación contraria. Escribe estas frases en voz activa, como en el ejemplo.

a. El presidente y los ministros fueron elegidos por el pueblo.
   El pueblo eligió al presidente y los ministros.
b. El 9 de junio, día de la Región de Murcia, es celebrado por todos los murcianos.
   ....
c. Las Cortes serán visitadas mañana por un grupo de estudiantes.
   ....
d. El Congreso está formado por 350 diputados.
   ....
e. El defensor del pueblo fue nombrado por el Congreso y el Senado.
   ....
f. La autonomía del País Vasco fue otorgada por la Constitución.
   ....
g. El jefe del Estado español no es elegido por el parlamento.
   ....

ciento nueve | **109**

UNIDAD 14 ¿QUÉ SABES DE ESPAÑA? | SECUENCIA 2

1 PROGRAMAS POLÍTICOS

A. En el blog *Hagamos algo* hay varios comentarios relacionados con el programa de un partido político.

a. Lee los *posts* y complétalos con la palabra adecuada.

derechos | supervivencia | caza | recursos | defensa | economía | masas | ecoturismo | rural | global

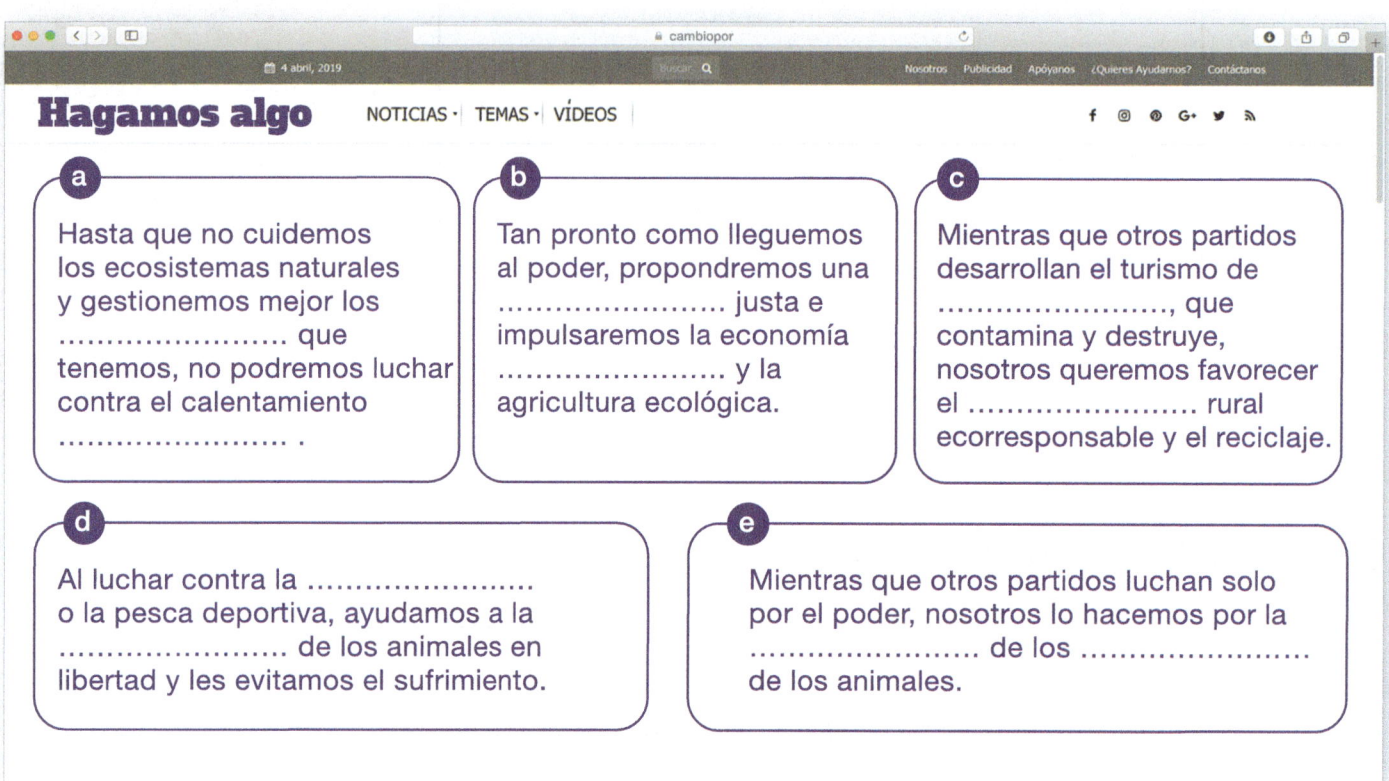

a. Hasta que no cuidemos los ecosistemas naturales y gestionemos mejor los .... que tenemos, no podremos luchar contra el calentamiento ....

b. Tan pronto como lleguemos al poder, propondremos una .... justa e impulsaremos la economía .... y la agricultura ecológica.

c. Mientras que otros partidos desarrollan el turismo de ...., que contamina y destruye, nosotros queremos favorecer el .... rural ecorresponsable y el reciclaje.

d. Al luchar contra la .... o la pesca deportiva, ayudamos a la .... de los animales en libertad y les evitamos el sufrimiento.

e. Mientras que otros partidos luchan solo por el poder, nosotros lo hacemos por la .... de los .... de los animales.

b. Lee de nuevo los *posts* anteriores, localiza las oraciones temporales y clasifícalas. ¿Cuándo van con infinitivo, indicativo o subjuntivo?

expresa posterioridad	expresa límite de tiempo	se refiere a una acción futura	expresa simultaneidad

B. Algunos lectores de *Hagamos algo* han publicado sus peticiones a los partidos políticos.

a. Léelas y asócialas con una de estas temáticas: (1) inseguridad ciudadana, (2) precio del alquiler o (3) hambre y probreza.

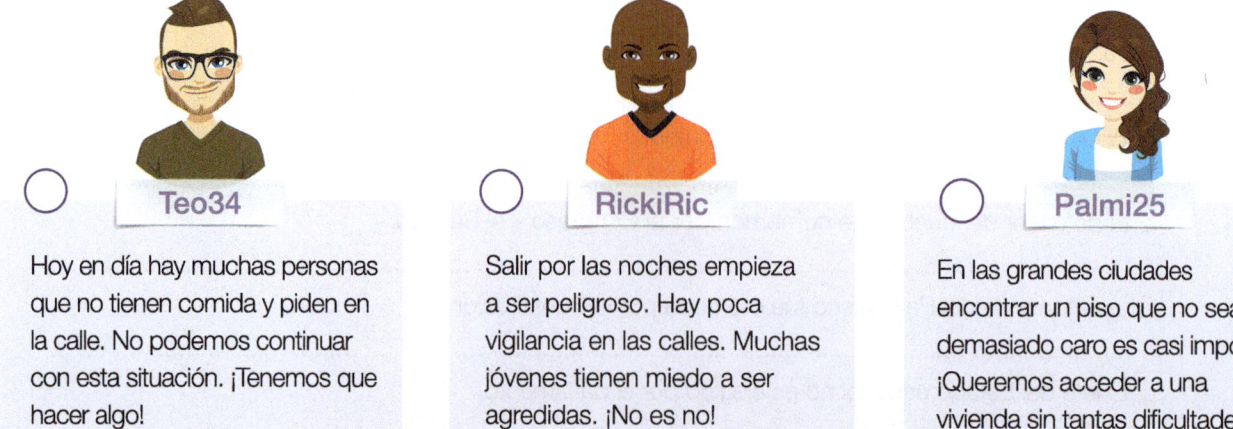

Teo34
Hoy en día hay muchas personas que no tienen comida y piden en la calle. No podemos continuar con esta situación. ¡Tenemos que hacer algo!

RickiRic
Salir por las noches empieza a ser peligroso. Hay poca vigilancia en las calles. Muchas jóvenes tienen miedo a ser agredidas. ¡No es no!

Palmi25
En las grandes ciudades encontrar un piso que no sea demasiado caro es casi imposible. ¡Queremos acceder a una vivienda sin tantas dificultades!

b. Ahora, completa estas frases temporales según la información de los textos anteriores.

   a. *Mientras que una persona pase hambre, tenemos que seguir luchando.*
   b. Hasta que ……………………………………………………………
   c. Tan pronto como ………………………………………………………
   d. Al + infinitivo ………………………………………………………
   e. En cuanto ……………………………………………………………

c. Lee el siguiente comentario que ha publicado una asociación en *Hagamos algo* y elige la opción correcta.

> **¡Así no podemos seguir!**
>
> *Tan pronto como/Al* recibimos una señal de ayuda de una familia, intentamos ayudarla, pero *en cuanto/hasta que* la ayudamos a salir del problema del desalojo de su vivienda, una nueva familia entra en la misma situación y *mientras/al* ser tan complicado solucionar el problema, no podemos mejorar la situación de todos *al/hasta que* no recibamos más ayudas sociales.
>
> Los políticos nos prometen colaboración, pero *hasta que/en cuanto* llegan al poder, se olvidan de sus promesas y la situación es cada vez peor y *mientras/al* no tengamos el apoyo político, nada va a cambiar. Pero no vamos a descansar. Seguiremos luchando *mientras/hasta que* consigamos las ayudas económicas para las familias que lo necesitan.

C. Ahora, lee y explica el significado de cada una de estas frases.

   a. En cuanto lo llaman sus amigos, sale de fiesta. ……………………………
   b. En cuanto lo llamen sus amigos, saldrá de fiesta. ……………………………
   c. Habrá nuevas elecciones mientras no haya mayoría absoluta. ……………………
   d. Tan pronto como se alcance la mayoría absoluta, dejaremos de votar. ……………
   e. Mientras el confinamiento continúe, no saldremos de casa. ……………………
   f. Tan pronto como el confinamiento termine, saldremos de casa. …………………

D. Transforma las siguientes frases, como en el ejemplo, según se refieren al pasado (P) o al futuro (F).

   a. *Al acabar la manifestación, me vuelvo a casa.*
   Tan pronto como (F) acabe la manifestación, me volveré a casa.
   b. Al terminar el discurso del presidente, apago la tele.
   En cuanto (P) …………………………………………………………
   c. Al no haber suficientes ayudas, tienen que vivir en malas condiciones.
   Mientras (F) …………………………………………………………
   d. Al no cumplir su programa electoral, no lo votaré más.
   En cuanto (P) …………………………………………………………
   e. Al crearse nuevos empleos, disminuye el paro.
   Tan pronto como (F) …………………………………………………
   f. Al no tener una buena jubilación, tiene problemas.
   Mientras (P) …………………………………………………………

ciento once | **111**

UNIDAD 14 ¿QUÉ SABES DE ESPAÑA? | SECUENCIA 3

1 EL SISTEMA SANITARIO ESPAÑOL

A. En la revista *Saludparatodos* hay un texto sobre el funcionamiento del sistema sanitario español.

a. Antes de leerlo, marca si crees que estas afirmaciones son verdaderas o falsas. Después de leerlo, comprueba tus respuestas.

	antes V	antes F	después V	después F
a. El sistema sanitario español siempre ha sido gratuito.	☐	☐	☐	☐
b. Todos los españoles tienen derecho a recibir asistencia sanitaria.	☐	☐	☐	☐
c. España tiene uno de los mejores sistemas de salud del mundo.	☐	☐	☐	☐
d. La tarejeta sanitaria europea es universal y gratuita.	☐	☐	☐	☐

b. Ahora, lee el texto y selecciona la palabra adecuada.

EL SISTEMA SANITARIO ESPAÑOL

En 1908 se creó el sistema sanitario español. En esa época la asistencia *social/médica* debía ser pagada por cada ciudadano, por lo que no todo el *mundo/personal* podía tener acceso a la *sanidad/salud*. En 1989 la asistencia sanitaria llegó al 100 % de la población, y en la actualidad se financia gracias a los impuestos.

Actualmente, España tiene el 9.º *modelo/grupo* sanitario más *eficaz/desorganizado* del mundo por detrás de Japón, Suiza o Corea del Sur.

El Estado español tiene la responsabilidad, la gestión y la *financiación/recuperación* del Sistema Nacional de Salud cuyos principios son:

* La atención sanitaria *universal/única* y *primaria/gratuita* es para toda la población.
* El acceso a los servicios sanitarios se realiza en cada *comunidad/región* española.
* La base de la sanidad es la atención *secundaria/primaria* en los centros de salud o en el *domicilio/apartamento* del enfermo.

Se recomienda, si eres *europeo/extranjero* y viajas a España, que lleves la *documentación/tarjeta* sanitaria europea (TSE), con ese *certificado/documento* puedes recibir *atención/visita* sanitaria de forma gratuita o pagando, pero con un reembolso a tu *vuelta/ida* a tu país.

2 CONSULTAS MÉDICAS

A. Relaciona cada palabra con el verbo correspondiente para formar expresiones relacionadas con temas médicos. Hay varias posibilidades.

medicación | cita | historia clínica | recetas | revisiones médicas | diagnósticos | cambio de médico
radiografías | vacunas | problemas de salud | pruebas de alergia | resultados de análisis

pedir/solicitar	consultar	acceder a

B. Observa los dibujos y relaciona cada uno con su especialidad médica.

neurología | radiología | otorrinolaringología | traumatología | cardiología | ginecología

    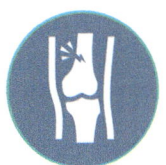 

a. .... b. .... c. .... d. .... e. .... f. ....

C. Relaciona las columnas. Hay varias posibilidades.

a. recetar		1. una enfermedad
b. ingresar		2. la baja/el alta
c. hacer	en	3. un paciente
d. diagnosticar	a	4. el hospital
e. poner	de	5. la temperatura
f. reconocer	Ø	6. un medicamento
g. dar		7. una inyección
h. tomar		8. un diagnóstico

D. Relaciona los sinónimos.

a. recetar	1. identificar
b. ingresar	2. conceder
c. diagnosticar	3. colocar
d. poner	4. coger
e. reconocer	5. prescribir
f. dar	6. inmovilizar
g. escayolar	7. entrar
h. tomar	8. examinar

E. Dos pacientes tienen problemas de salud y llaman para hablar con el médico.

a. Lee el diálogo A, ordénalo y subraya las estructuras para hablar por teléfono.

b. Lee el diálogo B y complétalo con las expresiones que conoces.

A

- ☐ - ¡Oh, nooo…!
- ☐ - ¿Podría ponerme con el doctor Hita, por favor?
- ☐ * Max, buenas tardes, ¿qué problema tiene?
- ☐ - Soy Max, ya he llamado otras veces. Ya me conoce.
- ☐ - Hola, ¿es usted el doctor Hita?
- ☐ - Gracias, espero.
- ☐ * Buenas tardes, ¿en qué puedo ayudarle?
- ☐ - Me duele muchísimo una muela y el dolor es insoportable. He tomado paracetamol, pero no me alivia. Es la misma muela de la última vez.
- ☐ * No, soy su secretario.
- ☐ * Vaya, pues creo que es necesario que tome antibióticos, y tendremos que hacerle alguna radiografía para ver cómo está.
- ☐ * Sí, ¿de parte de quién?
- ☐ * Un momento, ahora le paso con él.

B

* ....
- Hola, buenos días. .... la doctora Justo.
* No ....
- ¡Oh, no!, es realmente urgente.
* ....
- Sí, sí, quiero dejar un mensaje. .... Pía Mirón.
* Bien, se lo diré. Si quiere, puede volver a llamar o si lo prefiere, la doctora puede llamarla
- Que me llame por favor.

(2 horas después…)
* .... Soy la doctora Justo.
- Sí, soy yo.
* ....

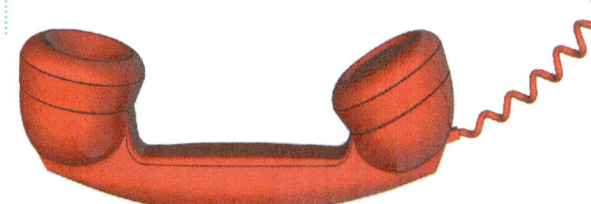

UNIDAD 14 | EXAMEN DELE

COMPRENSIÓN DE LECTURA

A continuación, vas a leer un correo que Mafalda envía a su amigo Benjamín. Después, elige la opción correcta, *a, b* o *c,* para completar los huecos, 1 a 6.

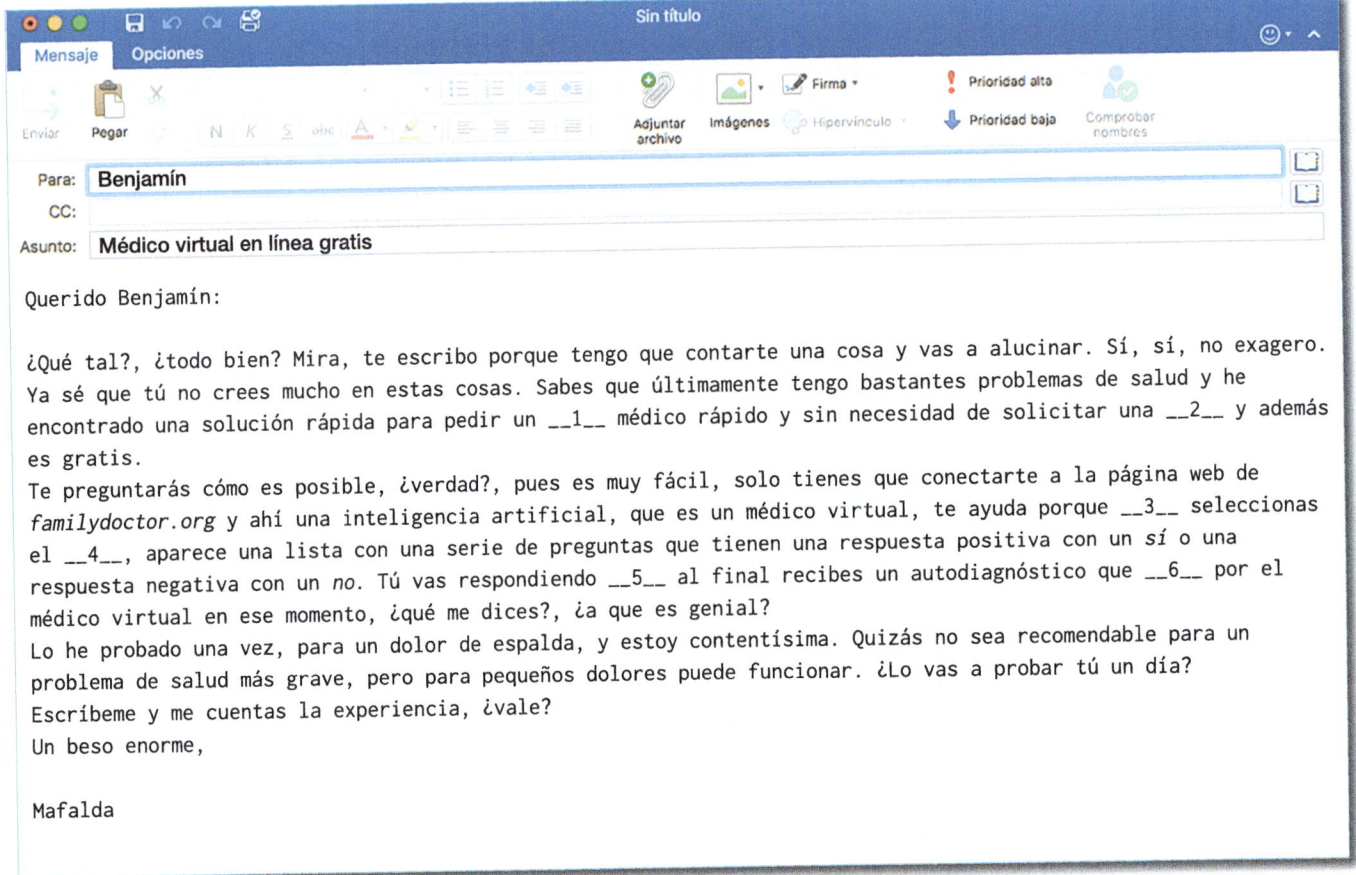

Asunto: Médico virtual en línea gratis

Querido Benjamín:

¿Qué tal?, ¿todo bien? Mira, te escribo porque tengo que contarte una cosa y vas a alucinar. Sí, sí, no exagero. Ya sé que tú no crees mucho en estas cosas. Sabes que últimamente tengo bastantes problemas de salud y he encontrado una solución rápida para pedir un __1__ médico rápido y sin necesidad de solicitar una __2__ y además es gratis.

Te preguntarás cómo es posible, ¿verdad?, pues es muy fácil, solo tienes que conectarte a la página web de *familydoctor.org* y ahí una inteligencia artificial, que es un médico virtual, te ayuda porque __3__ seleccionas el __4__, aparece una lista con una serie de preguntas que tienen una respuesta positiva con un *sí* o una respuesta negativa con un *no*. Tú vas respondiendo __5__ al final recibes un autodiagnóstico que __6__ por el médico virtual en ese momento, ¿qué me dices?, ¿a que es genial?

Lo he probado una vez, para un dolor de espalda, y estoy contentísima. Quizás no sea recomendable para un problema de salud más grave, pero para pequeños dolores puede funcionar. ¿Lo vas a probar tú un día? Escríbeme y me cuentas la experiencia, ¿vale?

Un beso enorme,

Mafalda

OPCIONES

1 a. análisis   b. diagnóstico   c. consulta

2 a. receta   b. visita   c. cita

3 a. hasta que   b. en cuanto   c. mientras

4 a. síntoma   b. historial   c. medicación

5 a. en cuanto   b. hasta que   c. tan pronto como

6 a. ha sido hecho   b. fue hecho   c. estuvo hecho

COMPRENSIÓN AUDITIVA

16. A continuación, vas a escuchar a seis personas hablando sobre una experiencia. Escucharás dos veces a cada persona. Selecciona el enunciado, *a - j*, que corresponde al tema del que habla cada persona, 1 a 6. Hay diez enunciados. Selecciona seis.

Ejemplo: 0. La opción correcta es la g.

	ENUNCIADOS
a.	No esperó para poder entrar.
b.	Hizo uso de los servicios de salud.
c.	Participó en su primera manifestación.
d.	Defiende la causa animal.
e.	Estuvo en un edificio histórico.
f.	No entiende las diferencias culturales.
g.	Quiere evitar los desalojos.
h.	Lucha para ayudar a las personas jubiladas.
i.	Tiene problemas con el teléfono.
j.	No cree en la política ni en los políticos de hoy.

PERSONA	ENUNCIADO
Persona 0	*g.*
Persona 1	
Persona 2	
Persona 3	
Persona 4	
Persona 5	
Persona 6	

17. A continuación, vas a escuchar una conversación entre dos amigos, Felicidad y Félix. Escucharás la conversación dos veces. Después, decide si los enunciados, 1 a 6, se refieren a Felicidad, *a*, Félix, *b*, o a ninguno de los dos, *c*.

	a. Felicidad	b. Félix	c. Ninguno de los dos
0. *Quiere saber qué le ha pasado este año.*	✓		
1. No contestaba mensajes ni llamadas.			
2. Ha cambiado sus opiniones.			
3. Desconfía de los políticos.			
4. No va a ir a elegir a sus representantes.			
5. Invita a la cena del sábado.			
6. Quiere hablar de política.			

TRANSCRIPCIONES

UNIDAD 1
Pista 1

Ejemplo. Persona 0
Hombre: Todavía me acuerdo de mi primer día en la universidad. Empecé a estudiar Derecho, y cuando estaba en el último año, llegó a clase una nueva compañera que venía con una beca para estudiar aquí. Era italiana. Me enamoré a primera vista de ella. Recuerdo que en primavera comenzamos a salir. Chiara hablaba muy bien español, y yo aprendí italiano rápidamente. Al año siguiente éramos marido y mujer, y desde hace tres años vivimos felices en Nápoles.
La opción correcta es la e.

Persona 1
Mujer: Desde que era pequeña hasta que terminé mis estudios de Veterinaria siempre he vivido en una gran ciudad, así que después de la carrera decidí cambiar de vida completamente. Todos los días recuerdo ese cambio. Me trasladé a vivir a un pequeño pueblo muy tranquilo y agradable donde hay más animales que personas. En fin, tengo una clínica veterinaria, una casa con jardín y muchos perros y gatos. ¡Soy muy feliz aquí!

Persona 2
Hombre: No te vas a creer lo que me pasó. Hace un mes salí a correr por el parque del Retiro y me encontré con Héctor, un compañero del instituto. Empezamos a hablar y me contó que su nuevo proyecto era abrir un restaurante español en Lyon y que estaba buscando personal para el negocio. Como yo soy cocinero, he decidido trasladarme a la ciudad de los leones. ¡A los dos nos encanta Francia!

Persona 3
Mujer: No sé si te lo he contado, pero tengo que trasladarme el próximo mes a San Sebastián y estoy supercontenta con este cambio. Verás, todos los días me conectaba a Internet para ver las nuevas ofertas de trabajo. Resulta que un día, un contacto de Facebook publicó una buenísima en la que buscaban ingenieros. Envié mi currículum, me llamaron para la entrevista y… ¡el trabajo es mío!

Persona 4
Hombre: Mi primera hija se llama Olivia y es maravillosa. Tener un hijo es una experiencia increíble, pero te cambia la vida y si no, que me lo digan a mí. Recuerdo que los primeros meses no dormíamos y teníamos que estar con ella todo el tiempo porque lloraba muchísimo. Era muy pequeña y hacía mucho calor porque nació el veintisiete de agosto. Ahora es diferente, solo llora cuando tiene hambre o sed y siempre está durmiendo. Es muy tranquila. Mi mujer y yo estamos muy contentos.

Persona 5
Mujer: El otro día mi jefe me llamó a su despacho para hablar conmigo. ¡Qué mal! Yo estaba nerviosísima y estresada porque pensaba que había algún problema, pero no te lo vas a creer… el motivo de su llamada era decirme que los resultados anuales habían sido muy buenos y que quería proponerme para un puesto con más responsabilidad y mejor salario. Acepté y ahora soy responsable de personal. ¡Qué bien!, ¿verdad?

Persona 6
Hombre: Mi vida ha dado un cambio interesante. Hace siete meses envié unos cuentos que había escrito para mis hijas a una editorial española muy importante. Hoy me han respondido y he sentido una mezcla de felicidad y nerviosismo al mismo tiempo porque me han dicho que van a publicarlos el año próximo. Puedo decir que antes era profesor de literatura y ahora soy escritor de libros para niños.

Pista 2

Felipe: ¡Jimena!, ¡cuánto tiempo! No esperaba tu llamada, ¿cómo estás?, ¿qué has hecho todos estos meses que no nos hemos visto?
Jimena: ¡No te lo vas a creer, Felipe! Es algo increíble.
Felipe: ¿Qué te ha pasado?
Jimena: No sé si ya te lo he contado, pero hace dos meses me inscribí en un gimnasio para hacer *spinning* dos tardes a la semana. Montar en bicicleta y escuchar música al mismo tiempo es mi pasión.
Felipe: Sí, sí, lo sé, ya me habías dicho lo de las clases de *spinning*. Yo también voy a un gimnasio. He comido un montón en Navidad y estoy gordísimo, pero no hago *spinning*, solo musculación, pero cuenta, cuenta…
Jimena: Pues nada, estaba el otro día en clase… y de repente, vi a Guillermo, nuestro amigo de la carrera, ¿te acuerdas?
Felipe: ¡Qué me dices!, ¿en serio?, ¿Guillermo?, ¿cómo está? Nunca hemos perdido el contacto, pero hace tiempo que no sé nada de él.
Jimena: Sí, fue una sorpresa increíble. Hacía mucho que no lo veía. Está igual. ¡No ha cambiado nada! Guapísimo y amabilísimo, como siempre. Pero lo mejor de todo es que se casa. ¡Sí!, en Estocolmo, con una chica de allí que conoció en un viaje. Se enamoró de ella desde el primer momento y llevan juntos más de tres años. En fin, que me dijo que estamos invitados a la boda.
Felipe: ¡No me digas!, ¿cuándo es?, ¿qué vamos a hacer?
Jimena: ¡Organizar el viaje! Yo no conozco Estocolmo, así que he pensado que podemos ir unos días antes de la boda para visitar la ciudad. Seguro que en julio hace un tiempo excelente.
Felipe: Yo fui hace dos años, es muy bonita, ¡te va a encantar! Bueno, ¿cómo nos organizamos?, ¿billetes de avión?, ¿reserva de hoteles?, ¿el regalo para Guillermo?
Jimena: Si quieres, yo busco el regalo y tú te encargas de mirar el hotel y el avión, ¿vale?
Felipe: Sí, sí, perfecto. Mañana empiezo a mirar todo con tranquilidad.
Jimena: ¡Genial! Hablamos esta semana. ¡Qué nervios!

UNIDAD 2
Pista 3

Noticia 1. El fin de semana pasado se celebró la última ceremonia de entrega de los Premios Goya en la ciudad de Málaga. *Dolor y Gloria*, la película de Pedro Almodóvar, recibió siete goyas de los dieciséis a los que estaba nominada. Entre los premios más importantes están el de mejor película, mejor dirección, mejor guion original, mejor actor y mejor música. Desde aquí queremos felicitar a Almodóvar por los éxitos conseguidos.

Noticia 2. Hoy podemos ver en todos los cines de España la última producción de Alejandro Amenábar que, junto con Almodóvar, es uno de los mejores directores de cine españoles del momento. Las críticas consideran que su drama histórico, basado en la figura de Miguel de Unamuno, uno de los intelectuales españoles más importantes del siglo xx, y que tiene como contexto el inicio de la Guerra Civil, es una de las mejores producciones de este cineasta.

Noticia 3. Desde ayer y hasta final de mes, el cine Floridablanca proyecta en todas sus salas un ciclo de películas mudas. Este evento forma parte de un proyecto cultural y social, subvencionado por el ayuntamiento para dar a conocer estas películas a todos los públicos. El precio de las entradas es de tres euros y se pueden adquirir directamente en la taquilla o en su página web.

Noticia 4. Los cines en España recaudaron, en este último año, quinientos cincuenta y nueve millones de euros, un 9 % más de recaudación que el año anterior. Los datos de este año muestran también que el cine español ha obtenido en general unos buenos resultados, recaudando más de ochenta y un millones de euros, pero esta cifra es menor a la del año pasado en un 7 %.

Noticia 5. Penélope Cruz, la actriz española más internacional, empezó hace algunas semanas a trabajar en su nueva película. Ahora se encuentra en la isla de Gran Canaria rodando *La red Avispa*, una película de suspense dirigida por el francés Olivier Assayas. En este filme también aparecen en el reparto el actor mexicano Gael García Bernal y el venezolano Édgar Ramírez, entre otros.

Noticia 6. El consumo de series españolas ha aumentado este año gracias a las plataformas de pago y a las cadenas de televisión tanto nacionales como privadas. Además, muchas de ellas se exportaron y triunfaron dentro y fuera de España. Los datos muestran el interés actual y la buena valoración de las series producidas en España, que se posicionan como las más vistas por los europeos.

Unidad 3
Pista 4

Mensaje 1
Mujer: Hola, Pilar, soy Patricia. Te llamo para decirte que han elegido la ciudad de Murcia como capital de la gastronomía española este año por su diversidad de platos y vinos. Me parece una elección fantástica y quería preguntarte ¿qué te parece si vamos allí a pasar el fin de semana próximo? Tengo amigos allí y podremos quedarnos en su casa. Llámame.
Narrador: ¿Qué quiere hacer Patricia?

Mensaje 2
Hombre: David, soy Ángel. Tengo un problema. Esta noche voy a ir con mi novia a un concierto y no voy a poder ir contigo a la ruta del tapeo. No me acordaba de nuestra cita; además, Victoria ya ha comprado las entradas y no puedo decirle que no. He llamado a Carlos y me ha dicho que está libre y te acompañará él, ¿vale? Lo siento.
Narrador: ¿Para qué llama Ángel a David?

Mensaje 3
Mujer: Mateo, soy Beatriz. Te llamo porque en la facultad habrá el próximo miércoles una conferencia sobre el uso de las impresoras 3D

en la alimentación. Como sé que a ti te gustan mucho estos temas de tecnología, te llamaba por si te interesa y quieres que vayamos juntos. Es a las 10:00 en el anfiteatro. Piénsalo porque sé que hay un taller a la misma hora. Si te interesa me lo dices. Jaime también viene. Hablamos, un beso.
Narrador: ¿Qué hace Beatriz?
Mensaje 4
Hombre: Renata, hola, soy Mario. Como sabes soy un desastre cocinando, pero he encontrado una nueva aplicación de comida a domicilio, se llama Comida Exprés, ¿la conoces? ¿Quieres venir a cenar el próximo viernes? Podemos pedir la comida a través del móvil. ¿Qué te parece? Aceptas, ¿verdad? Te llamo más tarde, besos.
Narrador: ¿Para qué llama Mario a Renata?
Mensaje 5
Mujer: ¿Marcos?, soy yo, Natalia. Te llamo para preguntarte si quieres venir conmigo a un taller de cocina vegana. Sí, ya sabes que ahora no como carne, ni pescado, ni alimentos de origen animal. Voy a participar en el taller porque me van a enseñar a preparar recetas originales con verduras y hortalizas; quieres participar conmigo, ¿verdad? Llámame luego.
Narrador: ¿Para qué llama Natalia a Marcos?
Mensaje 6
Hombre: ¿Merche?, soy yo, Julio. Te llamo para decirte que voy a llamar mañana para reservar en el restaurante de cocina molecular que te gusta para celebrar tu cumpleaños. Reservaré para siete personas, seremos siete, ¿verdad? Voy a reservar a las 21:00, ¿te parece bien a esa hora? Bueno, cuando escuches el mensaje, me llamas, ¿vale?, un beso.
Narrador: ¿Qué va a hacer Julio?

Unidad 4
Pista 5

MUJER: Desde siempre, y gracias al arte y a la creatividad, el hombre ha podido expresarse y explorar su mundo interior. A mediados del siglo xx surgen una serie de terapias que intentan utilizar la creación y la expresión para aproximarse al mundo de las emociones y los sentimientos del ser humano.
La danzaterapia forma parte de estas nuevas terapias creativas y se basa en la utilización del movimiento con fines terapéuticos para poder integrar entre sí los procesos corporales, emocionales y cognitivos. En la danzaterapia, tanto la posición como los movimientos influyen en el pensamiento y los sentimientos. El objetivo final es la unión entre mente, cuerpo y alma. En esta terapia se busca exteriorizar las emociones utilizando el cuerpo. Lo más importante es el proceso que nos lleva a esta danza y no su interpretación final. En las clases es importante respirar adecuadamente y realizar bien los ejercicios de posición del cuerpo. El cuerpo es el verdadero protagonista y bailando podemos exteriorizar nuestros miedos, angustias, rabia y dolor, pero para manifestar estos sentimientos, debemos reconocerlos dentro de nosotros antes para poder comprenderlos y eliminarlos a través de esta terapia.
La danzaterapia se basa en varios pilares que se relacionan entre ellos y se complementan. Estos ejes son: la técnica de la danza, la imitación, la improvisación y la creación. Como vemos, esta terapia, a través del cuerpo, ayuda a expresar muchas cosas que en ocasiones no podemos decir con palabras.
Para poder practicarla no es importante bailar bien, y además su objetivo no es el de enseñar a bailar, sino el de enseñar movimientos para poder expresar nuestro mundo interior interactuando, al mismo tiempo, con la música y el espacio. Podemos elegir diferentes estilos de baile y estos estarán relacionados con nuestro estado de ánimo y nuestra situación general.
Si os estáis preguntando a qué personas se dirige, os puedo decir que está indicada para todas las personas que quieran tener una mejor calidad de vida.
Hay muchos beneficios en la práctica de la danzaterapia, algunos de ellos son, por ejemplo, la mejora de la autoestima, la autoconciencia y la autonomía personal. Nos ayuda también a expresar y a gestionar los sentimientos y pensamientos que nos molestan.
El realizar esta terapia en grupo nos ayuda a relacionarnos con los demás y a desarrollar una relación de confianza con los otros, y esto es muy importante para creer en las personas. En esta terapia trabajamos en equipo y somos iguales y creadores. La danza es un lenguaje que no utiliza palabras para contar cosas.
Adaptado de www.saludterapia.com

Unidad 5
Pista 6

Anuncio 1
Mujer: ¿Quiere participar en el próximo taller de radio propuesto por la prestigiosa escuela de periodismo InfoPaís? El taller, que está destinado a todos los públicos, empezará a principios del mes de abril y terminará a finales de junio. Para más información e inscripción, contáctenos en infopais@tallerderadio.es. Entre las personas que nos contacten, sortearemos cinco becas. Escríbanos ya.
Narrador: ¿Qué propone InfoPaís?
Anuncio 2
Hombre: ¿Cansados de tener un reloj clásico?, ¿queréis tener un miniordenador en la muñeca? No lo penséis más y subíos al tren de la modernidad. Por solo 189 euros podéis tener el nuevo reloj de la prestigiosa marca Wuiwui. Un reloj con todas las prestaciones tecnológicas que necesitáis. Compradlo ya en la página web de Wuiwui y conseguid interesantes descuentos.
Narrador: ¿Qué es Wuiwui?
Anuncio 3
Mujer: ¿Sabes escribir reportajes, entrevistas, blogs y guiones de documentales? ¿Tienes experiencia mínima de dos años como redactor de contenidos en algún medio de comunicación? Si las respuestas son afirmativas y quieres formar parte de nuestro equipo de redactores de contenidos, *El Verdadero* es tu periódico y te espera. Envíanos tu *curriculum vitae*. ¡Anímate a vivir una nueva experiencia!
Narrador: ¿Qué necesita *El Verdadero*?
Anuncio 4
Hombre: ¿Piensan que todas las semanas comen lo mismo y están hartos?, ¿no saben cocinar, pero quieren preparar nuevos platos con poco esfuerzo? No lo piensen más. Rocok es la solución que buscaban. Vayan a su tienda de electrodomésticos más cercana y pregunten por este nuevo robot de cocina. ¡Corran! Hay un descuento de cincuenta euros para las primeras cien compras. Les esperamos.
Narrador: ¿Qué es Rocok?
Anuncio 5
Mujer: ¿Existe una forma más fácil y cómoda de moverse por la ciudad sin utilizar los transportes públicos y sin cansarse? Claro que sí, y es Velomot, la nueva bicicleta eléctrica con una batería de hasta seis horas de autonomía. ¿La quieres probar? Acércate a Velobick, nuestra tienda, para verla y pruébala durante treinta minutos sin ningún compromiso de compra.
Narrador: ¿Qué puedes hacer si vas a Velobick?
Anuncio 6
Hombre: La manera de informarse ha cambiado y TeleCanal76 lo sabe, por eso, a partir de la próxima semana, llegará a sus televisiones con reportajes nuevos, diferentes y actuales. Recuerden, a las 20:00 de lunes a viernes podrán disfrutar de estos contenidos culturales de excepción en nuestra compañía. También nos pueden seguir *online* en telecanal76.es. No falten a nuestra cita.
Narrador: ¿Qué puedes ver a las 20:00 en TeleCanal76?

Unidad 6
Pista 7

Hombre: En ocasiones, después de una noche larguísima de sueño, te despiertas todavía más cansado. A veces, suele suceder los fines de semana: vas de la cama al sofá y del sofá a la cama en un estado de cansancio que no tiene explicación. ¿Por qué pasa esto? Los expertos lo llaman *la resaca del sueño* porque cuando despiertas, tienes una sensación similar a la que causa beber mucho una noche, es decir, un débil dolor de cabeza, las extremidades cansadas y los ojos rojos. La explicación a todo esto se encuentra en los ritmos circadianos. Estos ritmos forman el reloj biológico humano, que se ocupa de regular las funciones fisiológicas del organismo para que sigan un ciclo regular, que se repite cada 24 horas y que coincide con los estados de sueño y vigilia.
Cuando es de día, los ritmos circadianos envían información a las células para decirles que tienen que estar despiertas. Si el cuerpo se ha acostumbrado a levantarse a las ocho de la mañana y nosotros seguimos durmiendo después de esa hora, nuestro cuerpo comenzará a experimentar una sensación de fatiga que continúa cuando ya estamos despiertos.
Estar más cansado cuando se ha dormido mucho es el resultado de despertarse en una etapa equivocada del sueño. Para entender mejor todo esto, debemos saber que la persona pasa por cinco ciclos de sueño cada noche. Cada uno dura noventa minutos. Lo más normal es despertarse en las dos primeras etapas, después viene la fase REM y se finaliza con las dos últimas etapas en las que dejar de dormir es más complicado.
Las horas de sueño están relacionadas con la edad de cada persona: un niño de cinco años que se mueve mucho y aprende mucho necesita dormir, como mínimo, once horas. El adolescente necesita nueve horas, el 90 % de los adultos necesita ocho y a partir de los sesenta y cinco y setenta años, con seis o siete horas puede ser suficiente, eso sí, durmiendo una o dos siestas de veinte minutos.

TRANSCRIPCIONES

En relación con el sueño, hay que decir que la comida no está directamente relacionada con él. Si bien es cierto que existen alimentos que favorecen el sueño, como la carne, los huevos, especialmente la yema, los lácteos y las frutas como el plátano, la piña y la ciruela, la alimentación que uno tenga no afecta a la cantidad de tiempo que dormimos, ya sea mucho o poco.

Adaptado de www.vanguardia.es

Unidad 7
Pista 8

Mujer: Hay muchas personas que piensan que la entrevista de trabajo es una herramienta poco actual que ya no sirve para conocer y seleccionar al candidato ideal para un puesto, por ese motivo aparecen otras opciones para reducir los errores en los procesos de selección, asegurar la eficacia y limitar las deficiencias o problemas que puede haber en las entrevistas de trabajo clásicas. Esta nueva herramienta se conoce con el nombre de *casting* o audiciones laborales, porque están más cerca de los concursos de talentos que de la selección de personal. En estos *castings*, el candidato está en un entorno diferente de trabajo, incluso puede que los aspirantes al puesto interactúen en el mismo proceso de selección para obtener el trabajo.

Es evidente que ahora no se le puede dar a la entrevista de trabajo una validez absoluta, y que el encuentro personal entre el candidato y el reclutador es necesario, pero tiene una eficacia relativa para comprobar determinadas capacidades y habilidades, porque es evidente que es casi imposible conocer a un profesional en una o dos horas de entrevista, y en muchas ocasiones las personas recién contratadas parecen ser no aptas para el puesto de trabajo a los pocos meses de comenzar a desarrollarlo. Por este motivo, es conveniente reducir el alto índice de fracasos en la contratación de nuevos empleados y para ello, han aparecido, en algunas compañías, nuevas modalidades de entrevistas en las que se utiliza la presión como instrumento de selección; se pone al candidato en situaciones diferentes y se le obliga a demostrar ciertas actitudes y a usar sus aptitudes para defenderse y pelear en un contexto desconocido, poco habitual y más o menos real. Aquí lo importante es que los valores y las capacidades que dice tener el candidato se tienen que demostrar. Por ejemplo, en una entrevista podemos decir que somos sociables, atrevidos, resistentes al estrés, creativos, perseverantes, precisos, pero ¿cómo lo podemos demostrar?, pues a través de métodos complementarios, que pueden ser considerados extraños, el candidato puede justificar y argumentar mejor que sus capacidades son una realidad y no una decoración en su *curriculum vitae*. Con este recurso, el de poner al candidato en una situación distinta, añadimos técnicas diferentes de comprobación y dos evaluadores.

Está claro que la entrevista de trabajo tendrá su lugar, ya que es necesario ese momento entre el candidato y el entrevistador para poder contar la experiencia, pero habrá también otras nuevas fórmulas complementarias más eficaces, porque la entrevista como paso único ya no es suficiente.

Adaptado de www.expansion.com

UNIDAD 8
Pista 9

Noticia 1. La Unión Europea quiere que este año se consiga el objetivo de tener una tasa de reciclado del 50 %. Según un informe de Greenpeace, en España solo se recupera el 25 % de los envases plásticos frente a la media de reciclaje de residuos del resto de países europeos, que está en el 45 %. Es necesario que España aumente sus esfuerzos y cumpla con los objetivos europeos.

Noticia 2. En la actualidad, muchos españoles quieren producir y consumir su propia energía. Los últimos datos muestran que cada vez más familias y empresas españolas se están sumando a la revolución e instalación de paneles solares en sus hogares y edificios, lo que lleva a un aumento considerable del autoconsumo de energía solar o fotovoltaica. Estos datos son muy positivos e indican que la energía solar vuelve a brillar.

Noticia 3. Según datos de la Unión Internacional para la Conservación de la Naturaleza, organismo con la máxima autoridad en el estudio de la diversidad en el mundo, en la actualidad hay aproximadamente 5.200 especies de animales que se encuentran en peligro de extinción, es decir, que están en peligro de desaparecer. De ellos, el 11 % son aves, el 20 % son reptiles, el 34 % son peces y el 25 % anfibios y mamíferos.

Noticia 4. Más de tres toneladas de peces muertos han aparecido en el Mar Menor. La laguna salada más grande de Europa está viviendo ahora sus momentos más críticos. Estamos ante una catástrofe medioambiental sin precedente en la Región de Murcia. Esta maravillosa reserva natural de la biosfera, a orillas del Mediterráneo, está en peligro. Luchemos para que eso no suceda y las próximas generaciones puedan disfrutar de este mar.

Noticia 5. Brasil, Colombia, Bolivia y Perú se encuentran entre los diez países con más desforestación del mundo. La desaparición, por intereses comerciales y agrícolas, de millones de hectáreas de bosques y selvas de la Amazonia está haciendo que no se pueda almacenar el dióxido de carbono (CO_2) y se esté amenazando la regulación del cambio climático global cuyas consecuencias provocarán el aumento de la temperatura en esa zona.

Noticia 6. Como cada año, el próximo cinco de junio, Día Mundial del Medioambiente, hay convocadas diferentes manifestaciones en todas las ciudades del mundo. La finalidad de esta celebración es concienciar e implicar a la población en el cuidado y conservación de nuestro planeta. Este año el país anfitrión será Colombia, país que contiene el 10 % de la biodiversidad del planeta.

UNIDAD 9
Pista 10

Hombre: Siempre nos han dicho que buscar y encontrar nuestra vocación era necesario para tener una vida feliz y no sentirnos frustrados, ¿pero esto es cierto?

La psicología positiva, que estudia las bases del bienestar mental y de la felicidad, afirma que algunas personas no tienen una vocación única, que otras personas no tienen ningún tipo de vocación y que no hay un momento específico para encontrar nuestra vocación. Es cierto que hay personas que han tenido muy claro qué profesión querían tener desde pequeños y esa vocación infantil ha sido el motor para avanzar en sus vidas, pero eso no les ha pasado a todas las personas.

Casi todos hemos elegido nuestros estudios cuando estábamos en el instituto: decidimos si éramos de ciencias o de letras y después, lo que íbamos a estudiar en la universidad, pero esta decisión no es fácil, y los estudiantes se sienten estresados y presionados por tener que elegir sin tener las ideas claras. Por eso suelen tomar decisiones como estudiar lo mismo que su familia o en la misma universidad que sus amigos para poder estar cerca de ellos. En otras ocasiones, hay personas que deciden estudiar temas que tienen relación, por ejemplo, la enfermería y la fisioterapia, temas complementarios como la informática y el diseño, o temas muy diferentes como la física y la historia, y cuando pasa esto, hay dudas y estrés, porque de la buena decisión depende su futuro profesional.

Los expertos aconsejan dar sentido a nuestra vida no solo gracias al trabajo, sino también haciendo cosas que te apasionan, aunque esto suele ser complicado en nuestra cultura. En la sociedad en la que vivimos el trabajo define quiénes somos. Cuando conocemos a alguien, una de las primeras preguntas que le solemos hacer es a qué se dedica y relacionamos a la persona con el trabajo que hace.

Además, estar contento en el trabajo no depende solo de la vocación, también está relacionado con otros factores, como las condiciones laborales: el sueldo, el horario, las vacaciones, la cultura de la empresa y la relación con los compañeros de trabajo.

La vocación influye en el tipo de trabajo, pero la felicidad laboral depende de la motivación. No todos encontramos nuestra verdadera vocación, pero no por eso somos personas infelices. Menos del 50 % de las personas ven su trabajo como una vocación, pero son felices porque su trabajo les motiva y tiene sentido para ellos. Vivir de tu vocación y ser fiel a ella, y estoy pensando en los actores, pintores, cantantes y músicos, es casi imposible por razones económicas, por no recibir un salario que permita vivir de esa vocación.

Adaptado de www.retina.elpais.com

UNIDAD 10
Pista 11

Ejemplo. Persona 0
Hombre: Tenía todo preparado desde hacía seis meses: la reserva del vuelo con billete de ida y vuelta, la habitación de hotel, las visitas y las excursiones… ¡Por fin iba a viajar a Irlanda! Estaba muy contento porque hacía tiempo que quería visitar este país. Llegué al aeropuerto con bastante tiempo. Miré la pantalla de información de las salidas y… mi vuelo había sido cancelado por problemas de la compañía. No me lo podía creer. ¡Adiós a mi viaje a la isla Esmeralda!

La opción correcta es la d.

Persona 1
Mujer: Me apasiona viajar y suelo hacer dos grandes viajes al año. Puedo decir de mí que soy una viajera a la que le gusta tenerlo todo planificado. Pero, además, durante cada viaje

suelo tomar muchísimas fotografías, ¡me apasionan! Me hace mucha ilusión, cuando vuelvo del viaje, verlas y recordar esos momentos tan bonitos. Además de hacer fotos, también podría pasarme todo el viaje visitando catedrales y museos..., ¡me encanta el arte!

Persona 2
Hombre: Normalmente viajo en tren, porque tengo mucho miedo al avión, pero claro, esta vez quería ir a Rusia y era un viaje demasiado largo para hacerlo en tren. Decidí superar mi miedo e ir en avión. Cuando embarqué, estaba tan nervioso que casi no podía ni hablar. Me senté en mi asiento y rápidamente me tomé una pastilla, me quedé dormido y me desperté al llegar a Moscú, ¡fue un viaje realmente tranquilo!

Persona 3
Mujer: Creo que formo parte de ese 20 % de población que tiene el gen *wanderlust*. Sí, sí, soy una de esas apasionadas de los viajes. Me encantaría pasar todo mi tiempo visitando y conociendo nuevos países. ¡Me haría mucha ilusión dar la vuelta al mundo! Cada vez que vuelvo de un viaje ya estoy buscando información y pensando en mi próximo destino. Viajar es una verdadera adicción, ¿verdad?

Persona 4
Hombre: Llegué al aeropuerto con tiempo suficiente para pasar por el mostrador de la compañía aérea y dejar mi maleta, pero en ese momento me di cuenta de que se me había olvidado imprimir el billete. ¡Puf!, viajaba en una compañía de las baratas; si no llevas el billete en papel, tienes que pagar 35 euros, ¡fue una situación horrible!, me costó más el papel del billete que el vuelo.

Persona 5
Mujer: El mejor medio de transporte para mí es el tren. Viajar en tren es muy tranquilo y nada estresante, ya que no es necesario llegar a la estación con dos horas de antelación. Puedes llevar un equipaje de más de 20 kilos, y si te sientas al lado de la ventanilla puedes ir viendo el paisaje; además, puedes llamar por teléfono y en casi todos los viajes de larga distancia te ponen una película..., ¿a qué es mejor el tren?

Persona 6
Hombre: Cada vez que viajamos tenemos unos sentimientos que van cambiando. Al principio, nos ponemos muy nerviosos con toda la organización del viaje, las reservas de los vuelos y del hotel, el visado, el seguro de viaje, la organización de las visitas y de las excursiones, pero una vez que has llegado al destino, te sientes muy bien, estás de muy buen humor y feliz. Disfrutas de todo al máximo.

Pista 12

Pilar: ¡Hola, Juan!, ¡qué alegría recibir tu llamada!, ¿qué tal todo?
Juan: ¡Ay, Pilar!, ¡qué ganas tenía de hablar contigo! Te llamo porque he pensado que quizá este año podemos ir juntos de vacaciones.
Pilar: ¿Sí? ¡Qué buena idea! ¡Me parece genial!, me hace mucha ilusión. ¿Y dónde podríamos ir?
Juan: Hum, yo sé que tu película preferida es...
Pilar: *Memorias de África*...
Juan: Exacto... *Memorias de África*..., así que podríamos ir a Kenia en agosto. He estado mirando los programas de algunas agencias...
Pilar: ¡Eso sería fantástico! Kenia... es el viaje de mis sueños, además, en agosto tengo vacaciones.
Juan: Perfecto. ¿Sabías que de julio a octubre es la mejor época para ir allí?
Pilar: No tenía ni idea, pero si es así..., ¡es ideal! ¿Y ya has pensado un poco cómo hacerlo? Yo sé que tú eres un gran planificador. ¿Sabes con qué compañía podemos viajar, si hay escalas, la moneda, si hay que vacunarse y hacerse un visado?
Juan: ¡Hala!, ¡cuántas preguntas! Lo mejor es ir a París, porque desde allí hay vuelos directos a Nairobi. El vuelo dura unas ocho horas y media. Si compramos los billetes ahora, son bastante más baratos.
Pilar: Yo sé que los visados se hacen *online* y cuestan 40 euros, y que los idiomas son el suajili y el inglés. ¿Sabías que safari significa *viaje* en suajili?
Juan: No, no lo sabía, pero eso es lo que vamos a hacer nosotros, ¡un maravilloso safari por las reservas para ver todos los animales salvajes en libertad!, ¡vamos a ser como Robert Redford y Meryl Streep perdidos en Kenia!
Pilar: Me hace mucha ilusión este viaje. ¡Es genial!
Juan: Bueno, como me gusta planificar, me ocupo de todo y la semana que viene te vuelvo a llamar.
Pilar: Perfecto, Juan. Gracias, espero tu llamada.

UNIDAD 11
Pista 13

Mensaje 1
Mujer: Oye, Alberto, ¿no estás en casa? Soy Celia. Te llamo para que me ayudes porque sé que tú sabes hacer estas cosas. ¿Podrías venir a mi casa a instalarme un jardín vertical en la terraza? He comprado todo lo que se necesita, solo tienes que venir tú. Llámame y dime que sí, por favor.
Narrador: ¿Qué quiere Celia de Alberto?

Mensaje 2
Hombre: Hola, Marcus, ¿qué tal? Soy Cristian, el chico que se quedará mañana en tu sofá, ya sabes, el del *couchsurfing*. Quiero saber si en lugar de una noche, puedo estar dos. Verás, es que me acaban de informar que me han cambiado los horarios del vuelo y necesito estar un día más en Split. Te llamaré más tarde, ¿vale?
Narrador: ¿Para que llama Cristian a Marcus?

Mensaje 3
Mujer: Félix, ¡hola!, soy Erika, sabes, después de ver varias revistas y vídeos sobre decoración minimalista, he decido hacer algunos cambios en mi apartamento y necesito una persona que sepa de decoración. He mirado algunos tutoriales en Internet, pero prefiero que lo haga un experto. ¿Conoces tú a alguien? Te llamaré esta noche otra vez y hablamos. Besos.
Narrador: ¿Qué quiere Erika?

Mensaje 4
Hombre: ¡Ay, Marcela!, ¡nunca estás cuando te llamo! Necesito que me ayudes. Mañana por la mañana llega a la estación Thomas, el chico checo que se va a quedar en mi sofá a dormir algunos días. Llega a las 10:00 y no puedo ir a buscarlo. ¿Te importaría ir a ti?, ¿podrías llamarme cuando escuches el mensaje, por favor?, un beso.
Narrador: ¿Para qué llama Ricardo a Marcela?

Mensaje 5
Mujer: ¿Aquiles? Soy Sandra. He visto en el foro del banco del tiempo el servicio que quieres intercambiar y me interesa mucho. ¿Te importa si te llamo más tarde y organizamos el intercambio de mi hora de informática por tu hora de aeróbic? Si me quieres llamar tú, mi teléfono es 678914167. Gracias.
Narrador: ¿Qué quiere hacer Sandra?

Mensaje 6
Hombre: Constanza, soy Fidel, ¡hola!, ¿todo bien? Oye, mira, ¿te acuerdas de nuestro viaje para el mes de abril? No te lo vas a creer, pero ya he reservado una habitación en el hotel Monotel, sí, sí, es el hotel de estilo minimalista en el que hay sauna y zona de masajes. Llámame y te cuento más cosas, ¿vale? Hablamos, besos.
Narrador: ¿Qué le dice Fidel a Constanza?

UNIDAD 12
Pista 14

Mensaje 1
Hombre: Hola, María, soy Jorge. Ya, ya sé que hace un montón de semanas que estoy desaparecido. No estás enfadada conmigo, ¿verdad? Te llamo porque un amigo me ha recomendado un nuevo restaurante Comer a ciegas y quiero ir contigo allí. Dicen que es una experiencia única, además, se come en la oscuridad, ¿qué me dices?, ¿te apetece ir? Llámame y hablamos. Besos.
Narrador: ¿Para qué llama Jorge a María?

Mensaje 2
Mujer: Daniel, soy Ruth, ¿qué tal todo? Acabo de ver en una agencia el viaje que queríamos hacer el invierno pasado. Sí, sí, como lo oyes, el viaje a Egipto que al final no hicimos. ¿Sabes?, ahora tienen un descuento y el precio es muy bueno. Si reservamos en dos días, no tenemos que pagar el visado ni las propinas. ¿Reservo ya? Llámame, por favor.
Narrador: ¿Qué quiere hacer Ruth?

Mensaje 3
Mujer: Nicolás, hola, soy Beatriz. Es la segunda vez que te llamo, ¿dóndes estás? Mira, que la semana que viene voy a ir con Raquel a una sesión de musicoterapia. Si vamos tres, nos hacen un descuento del 35 % del precio. Hemos pensado que quizá tú tengas libre y quieras venir con nosotras. Es el miércoles a las doce. Respóndeme, un beso.
Narrador: ¿Qué quiere Beatriz de Nicolás?

Mensaje 4
Hombre: Damián, soy Lucas, ¿qué tal? Sé que te encanta probar nuevos sabores y texturas y sé también que los sabores intensos y sabrosos son tus preferidos, y por eso he decidido que... ¡tenemos que ir juntos a un restaurante vietnamita que conozco y que es buenísimo!, ¿qué me dices?, ¿aceptas? Te llamo esta noche otra vez y quedamos, ¿vale?
Narrador: ¿Qué le gusta a Damián?

Mensaje 5
Mujer: ¿Miguel?, soy yo, Neus, ¡nunca me contestas al teléfono! Te llamo para preguntarte si quieres reservar conmigo el guía para entrar al Machu Picchu. ¿Te has enterado de que está absolutamente prohibido entrar sin guía? Nos tenemos que organizar, que el viaje es dentro de un mes solo. Llámame luego y hablamos del tema.
Narrador: ¿Qué le recuerda Neus a Miguel?

ciento diecinueve | **119**

TRANSCRIPCIONES

Mensaje 6
Mujer: ¡Víctor!, soy yo, Julia. ¿Te has enterado de lo que ha pasado en China?, ¿has oído lo de la nueva enfermedad contagiosa? Todos los medios de comunicación están hablando de este tema. Parece que es bastante grave y muy peligrosa. Tengo un poco de miedo. Bueno, cuando escuches el mensaje, me llamas y comentamos la noticia, ¿vale? Un beso.
Narrador: ¿De qué se ha enterado Julia?

UNIDAD 13
Pista 15

Noticia 1. Si buscas una aplicación que te ayude a gestionar tus cuentas y tus ahorros sin pagar nada a cambio, la solución para ti está en Fintonic, una aplicación española que ganó un premio en 2015 y que es además la favorita de muchos usuarios. Se puede instalar en todo tipo de dispositivos móviles, y, a diferencia de otras aplicaciones, está en español. Con ella podrás organizar tus gastos mensuales y semanales de manera gratuita.

Noticia 2. Las nanopartículas tienen muchas aplicaciones tanto en la cosmética como en la electrónica, pero también están presentes en la alimentación en forma de aditivos, como, por ejemplo, el E171 presente en los chicles y el E551, en los helados y las galletas. Se cree que estas pequeñísimas partículas provocan daños en el ADN, retrasan el crecimiento, producen alergias y pueden también ser cancerígenas.

Noticia 3. La feria tecnológica de Las Vegas ha dado el premio al mejor invento de este año, en la categoría hogar inteligente, al inventor que ha creado una cama capaz de calentarse. El invento se llama Climate 360 que, además de equilibrar la temperatura de la cama para poder optimizar los ciclos naturales del sueño, ayuda a que el usuario duerma cómodamente sin despertarse.

Noticia 4. Las nuevas neveras que hacen la compra por ti ya se pueden adquirir en España. Estas neveras, con inteligencia artificial, están revolucionando el concepto de los electrodomésticos y serán capaces de hacer una lista de los alimentos que tenemos y si hay alguno que nos falta, podrá contactar con el supermercado para que te lo lleven a casa. Además, tiene otras capacidades extraordinarias por descubrir.

Noticia 5. España no es un país que se caracteriza por el ahorro. De cada cien euros, los españoles economizan solo cinco, lo que supone un ahorro de un 5 %. Los habitantes del País Vasco, Aragón y La Rioja son los que más ahorran. Se cree que en los próximos tres meses los españoles van a gastar dinero en tecnología e informática, ropa de deporte, complementos para el hogar y *smartphones*.

Noticia 6. ¿Estamos llegando ya a la quinta revolución industrial? Muchos expertos afirman que no va a pasar mucho tiempo más antes de que estemos en esta nueva revolución, y que la cuarta y quinta generación coexistirán de manera paralela en los próximos años. Esta nueva revolución pondrá la tecnología al servicio de la felicidad, pero ¿el ser humano está listo para los nuevos cambios y sus consecuencias?

UNIDAD 14
Pista 16

Ejemplo. Persona 0
Hombre: Desde hace más de cinco años pertenezco a la plataforma de vecinos que está luchando cada día por evitar que familias con niños sean obligadas a dejar sus viviendas por no poder pagar el alquiler. Hemos conseguido que más de tres familias del barrio se queden en sus casas, y estamos trabajando para ayudar a otras dos familias más. Esta situación no es fácil y necesitamos ayuda de otros colectivos.
La opción correcta es la g.

Persona 1
Mujer: No sabía que desde 1997, cada sábado, de 10:00 a 15:00, se puede hacer una visita guiada al Congreso de los Diputados, me lo dijo una amiga y fui el sábado pasado. Pensaba que tendría que pagar, pero después de esperar más de media hora, pude entrar gratis con mi DNI. Fue una visita muy interesante. En este palacio han ocurrido muchos acontecimientos de la historia de España. Me gustó saber que tiene una gran biblioteca.

Persona 2
Hombre: Me presento como candidato por un partido que se llama Todosjuntos. Siempre me ha interesado ayudar a los que más lo necesitan y mucho más ahora, que veo que los políticos actuales en cuanto llegan al poder, olvidan todo lo que han prometido durante sus campañas. En mi partido defendemos la bajada de los impuestos para las personas sin recursos y la creación de empleo. ¡Votad por nosotros!

Persona 3
Mujer: Asistí a una movilización multitudinaria por las calles de Madrid el 8 de marzo que es el Día de la Mujer. Era la primera vez que salía a la calle a reivindicar la igualdad efectiva entre hombres y mujeres, a denunciar la precariedad laboral y a luchar contra la violencia. Fue un momento muy emocionante estar con cientos de personas que luchan por la misma causa.

Persona 4
Hombre: Trabajo en una asociación de ayuda a los mayores jubilados sin muchos recursos. En el contexto económico en el que nos encontramos es muy triste ver cómo muchas personas, que han trabajado cuarenta años o más, reciben una pensión muy baja que no les permite llevar una vida digna. Estamos luchando por obtener unas pensiones justas para todos.

Persona 5
Mujer: Preparé un viaje para ir a Grecia y en cuanto terminé de hacer las reservas de los hoteles, avión, etc. fui a la oficina de la Seguridad Social y solicité la tarjeta sanitaria europea. Fue la mejor de las decisiones, ya que allí comí un plato muy típico y me dio una reacción alérgica fuerte. Tuve que ir a urgencias. Me devolvieron el dinero de la consulta médica cuando volví a España.

Persona 6
Hombre: Soy de Singapur, pero vivo en España desde hace mucho tiempo. Ahora estoy en Granada haciendo un máster en Literatura y, aunque conozco bien este país y su lengua, me sigue impresionando que nunca me dejen hablar y me interrumpan después de decir una frase y además me tocan… Como asiático, no soporto que personas desconocidas me toquen. Pero lo peor es que siempre me dicen que me van a llamar y al final estoy en casa solo y el teléfono no suena nunca.

Pista 17

Félix: Felicidad, soy Félix.
Felicidad: ¡Félix!, ¡qué alegría!, ¡han pasado tantos meses!, ¿por qué nunca respondiste a mis llamadas y correos electrónicos? ¡Llegué a pensar que te había pasado algo!
Félix: Lo siento, siento mucho haber estado ausente, pero no te puedes imaginar lo ocupado que he estado este último año.
Felicidad: Ya, ya, imagino, todos hemos estado ocupados, pero ¿me puedes decir qué has estado haciendo?
Félix: ¡No te lo vas a creer! He entrado en el mundo de la política.
Felicidad: ¿Qué?, ¿tú?, ¿en política?, ¡qué me dices!, pero si nunca te ha interesado. Siempre decías que solo servía para hacer corrupto al ser humano. ¿Cómo has podido cambiar de idea?
Félix: ¡Ay, Felicidad!, la gente cambia con el paso del tiempo, ¿no crees? He cambiado porque estoy cansado de ver cómo los políticos mienten mientras el pueblo sufre las consecuencias de su mala gestión. Estoy en un partido político que solo piensa en los ciudadanos.
Felicidad: A veces pienso que los políticos, en cuanto llegan al poder, se olvidan de la realidad del país. Yo dejé hace mucho tiempo de creer en la política y, por cierto, dentro de dos meses habrá elecciones regionales. ¿Te vas a presentar?
Félix: Sí, claro. ¿Irás a votar?
Felicidad: No sé, hace tiempo que no voto. Ya te he dicho que no tengo confianza en ningún partido.
Félix: No pierdas la esperanza en la política. ¿Qué te parece si quedamos y nos contamos todo lo que hemos hecho este año?, ¿puedes el sábado por la noche?
Felicidad: ¡Fantástica idea! Sí, sí, puedo. ¡Tengo ganas de verte!, pero no vamos a hablar de política… ¿eh?
Félix: Ja, ja, ja…, ¡vale!